Comment arrêter de s'inquiéter et changer votre vie

Jean Martin

Table des matières

Comment arrêter de s'inquiéter et changer votre vie

Table des matières

Introduction

Chapitre 1 : Comprendre l'inquiétude

    Nature physique

    Aspect comportemental

    Aspect cognitif

    Propriété autonome de l'inquiétude

    Est-ce la nature ou l'éducation ?

    Les principales causes d'inquiétude

    Types d'inquiétudes

Chapitre 2 : Pensées négatives

    Pourquoi avons-nous des pensées négatives ?

    Les avantages d'une vie positive

        Les penseurs positifs gèrent mieux le stress

        La pensée positive est nécessaire pour votre santé

        La positivité vous rendra plus résistant(e)

        Comment développer un regard positif

        Conseils pratiques pour vous aider à adopter un état d'esprit positif

Chapitre 3 : Le stress émotionnel

Les causes du stress émotionnel

Gestion du stress

Gérer le stress émotionnel

Chapitre 4 : Désencombrer votre vie

Qu'est-ce qui est important pour moi ?

L'organisation sur le lieu de travail

Soyez sélectif sur ce que vous laissez entrer dans votre vie

Faire le ménage dans votre vie

Mettez de l'ordre dans vos valeurs clés

Étape 1 : Mettez en évidence vos valeurs fondamentales

Étape 2 : Définissez les priorités de votre vie

Étape 3 : Se concentrer sur la fixation des objectifs en pleine conscience

Étape 4. Définissez des objectifs SMART

Étape 5 : Reliez vos objectifs à vos passions

Eh bien, que signifie vivre sa passion ?

Chapitre 5 : Techniques d'analyse de l'inquiétude

4 questions pour vous aider à analyser vos inquiétudes

Techniques pour faire face à l'inquiétude

Changez votre façon de penser

Surmonter le dialogue avec soi-même

Distorsions utilisant le dialogue positif avec soi-même

Contrôlez votre cerveau

Transformer le discours positif sur soi en une habitude

Créez vos pensées avec des mots et un langage positifs

Embrasser l'incertitude

Développer une session de résolution de problèmes

Chapitre 6 : La relaxation

Exercices de relaxation

Techniques de relaxation

Comment dois-je me détendre ? Qu'est-ce qui va marcher pour moi ?

Points à emporter

Respirez

La pleine conscience pour la relaxation et le contrôle de l'anxiété

Que faire si vous ne pouvez pas contrôler votre esprit

Avez-vous du mal à devenir "conscient" ?

Pourquoi devrais-je pratiquer la pleine conscience ?

Points à retenir sur la pleine conscience

Relaxation musculaire progressive

Exercice

Point à noter

Relaxation appliquée

Plaisir et maîtrise

Prendre soin de soi : Une arme vitale dans la lutte contre l'anxiété

Chapitre 7 : Gérer les réunions et les relations sans anxiété et sans stress émotionnel

Comment disperser votre anxiété au travail de manière productive ?

Anxiété au travail et stress

Comment gérer l'anxiété au travail

Ne vous calmez pas

Conseils pour gérer l'anxiété au travail

Consacrez les 90 premières minutes à votre tâche la plus pertinente

Se réveiller tôt le matin

Faites une promenade

Chapitre 8 : Prendre le contrôle de ce que vous faites

Comment l'inquiétude et l'anxiété affectent le corps

Reconnaître et accepter

Réduire les sensations physiques

Faites confiance à la capacité de votre corps à respirer

Levez-vous et bougez : Exercice et activité physique

Les aliments que vous consommez

Chapitre 9 : Les moyens de cultiver une attitude mentale qui génère la paix et le bonheur

Technique axée sur les solutions

Apprendre à planifier plutôt qu'à s'inquiéter

Mettez en évidence le problème spécifique et le pire des scénarios.

Déterminer le meilleur scénario possible

Déterminer les options et les solutions possibles

Sélectionnez l'une des options ou solutions

Divisez votre solution en étapes faciles à gérer

Examiner le résultat

Plus de moyens de cultiver une attitude mentale qui génère la paix et le bonheur

Chapitre 10 : Comment calmer les inquiétudes, l'anxiété et le stress émotionnel

Individus positifs

Aidez les autres personnes

N'oubliez pas de faire de l'exercice

Pratiquer des techniques de relaxation et d'autogestion de la santé

Conclusion

Description

Copyright Tous droits réservés.

Ce livre électronique est fourni dans le seul but de fournir des informations pertinentes sur un sujet spécifique pour lequel tous les efforts raisonnables ont été faits pour s'assurer qu'il est à la fois précis et raisonnable. Néanmoins, en achetant ce livre électronique, vous acceptez le fait que l'auteur, ainsi que l'éditeur, ne sont en aucun cas des experts sur les sujets contenus dans ce livre, quelles que soient les affirmations qui peuvent y être faites. En tant que tel, toutes les suggestions ou recommandations qui sont faites dans ce livre sont faites purement pour le divertissement. Il est recommandé de toujours consulter un professionnel avant d'appliquer les conseils ou les techniques qui y sont présentés.

Il s'agit d'une déclaration juridiquement contraignante qui est considérée à la fois comme valide et équitable par le Comité de l'Association des éditeurs et l'American Bar Association et qui doit être considérée comme juridiquement contraignante aux États-Unis.

La reproduction, la transmission et la duplication de tout le contenu de ce site, y compris toute information spécifique ou étendue, seront considérées comme un acte illégal, quelle que soit la forme finale de l'information. Cela inclut les versions copiées de l'œuvre, qu'elles soient physiques, numériques ou audio, à moins que l'éditeur n'ait donné son consentement exprès au préalable. Tous droits supplémentaires réservés.

En outre, les informations qui se trouvent dans les pages décrites ci-après sont considérées comme exactes et véridiques lorsqu'il s'agit de relater des faits. À ce titre, toute utilisation, correcte ou incorrecte, des informations fournies dégagera l'éditeur de toute responsabilité quant aux actions entreprises en dehors de son champ d'action direct. Quoi qu'il en soit, il n'existe aucun scénario dans lequel l'auteur original ou l'éditeur peuvent être considérés comme responsables de quelque manière que ce soit des dommages ou des difficultés qui peuvent résulter de l'une des informations présentées ici.

En outre, les informations contenues dans les pages suivantes ne sont destinées qu'à des fins d'information et doivent donc être considérées comme universelles. Comme il sied à leur nature, elles sont présentées sans garantie quant à leur validité prolongée ou leur qualité provisoire. Les marques commerciales mentionnées le sont sans autorisation écrite et ne peuvent en aucun cas être considérées comme une approbation du détenteur de la marque.

Introduction

Merci d'avoir téléchargé ce livre.

On parle d'anxiété lorsque l'inquiétude est si forte et excessive qu'une personne est anxieuse à propos de choses dont elle n'est pas certaine. Elle est susceptible d'avoir des craintes dans toutes les situations. Il n'y a rien de pire que de s'inquiéter de quelque chose dont on n'est pas sûr. Lorsqu'une personne est inquiète, elle éprouve des problèmes de respiration, de rythme cardiaque et de fatigue, qui peuvent durer plusieurs jours.

L'anxiété est un phénomène courant que les gens sont susceptibles de rencontrer dans leur vie quotidienne. Vous êtes susceptible de ressentir de l'anxiété lorsqu'on vous demande de vous adresser à une foule de personnes. La raison en est que vous n'avez peut-être pas la confiance nécessaire pour les affronter ou que vous n'êtes pas prêt à parler. Il y a aussi des personnes qui se sentent inquiètes lorsqu'elles passent un test. Cette anxiété survient lorsqu'elles n'ont pas la confiance nécessaire pour y faire face.

Lorsque l'anxiété augmente, cela peut être le signe d'un problème plus important qui nécessite l'attention de la victime. En effet, si le problème n'est pas traité rapidement, il peut entraîner des problèmes graves. Par conséquent, il est essentiel de s'assurer que, lorsque les signes d'anxiété sont trop dangereux, la personne consulte un médecin qui pourra déterminer la cause de son anxiété et la traiter à l'avance.

Chapitre 1 : Comprendre l'inquiétude

Tout le monde a, à un moment donné de sa vie, été inquiet. Certaines personnes sont des inquiets chroniques. L'inquiétude est l'aspect principal de tous les troubles anxieux et dépressifs.

Le problème avec l'inquiétude, c'est qu'elle réclame d'urgence une solution. Et pour trouver une solution, vous devez d'abord la comprendre.

Nous avons tous connu des peurs, des inquiétudes et des doutes. Beaucoup d'entre nous ont éprouvé des sentiments d'incertitude et de tension au moment de s'adresser à un groupe de personnes, de passer un entretien, de subir une opération ou de commencer un nouvel emploi.

Peut-être êtes-vous maintenant anxieux à propos d'un événement social à venir. Vous vous inquiétez probablement lorsque votre partenaire est en retard à la maison. Si tout se passe bien - votre partenaire rentre à la maison, ou l'événement social est reporté, l'inquiétude disparaîtra avec lui, mais jusqu'à ce qu'il soit passé, les jours ou les semaines qui le précèdent peuvent être très difficiles.

Vous craignez peut-être que quelque chose d'effrayant arrive à vos enfants ou que vous perdiez votre emploi. Vous pouvez être angoissé par des événements qui semblent échapper à votre contrôle, comme le fait d'être attaqué ou de ne jamais pouvoir posséder votre maison. Vous craignez peut-être le réchauffement de la planète ou de souffrir d'un cancer.

Quelle que soit la raison de votre anxiété, elle peut avoir un impact sur votre esprit et votre corps. L'inquiétude peut vous mettre mal à l'aise. Elle peut être une distraction frustrante ou vous rendre vulnérable au point que vous ne pouvez penser à rien d'autre.

L'anxiété peut détruire votre confiance et votre estime de soi, nuire à vos amitiés et à vos relations, et affecter votre capacité à travailler et à étudier. Si, pour quelque raison que ce soit, vous souffrez d'une forte anxiété, vous pouvez avoir du mal à gérer votre vie quotidienne. Vous pouvez vous sentir impuissant et sans énergie.

Après un certain temps, vous pouvez commencer à craindre les symptômes de l'inquiétude, ce qui peut déclencher un cercle vicieux. Vous pouvez être anxieux parce que vous craignez les sentiments d'anxiété, mais vous ressentez ensuite ces symptômes parce que vous éprouvez des sentiments d'anxiété. Vous pensez que quelque chose ne va pas ou pourrait se produire, et vous ne savez pas comment ou si vous parviendrez à faire face à la situation.

L'inquiétude est l'anticipation de malheurs, d'adversités ou de problèmes. Si vous n'avez aucune expérience d'un événement ou d'une situation, vous pouvez être inquiet de ce qui pourrait arriver ou de la façon dont vous allez y faire face. Mais si vous avez vécu une situation spécifique et que vous l'avez trouvée difficile ou pénible d'une certaine manière, vous pourriez être anxieux à l'idée de vivre une circonstance similaire au cas où elle génèrerait les mêmes problèmes et difficultés.

Y a-t-il une différence entre le doute, l'inquiétude, l'anxiété et la peur ? Bien sûr, il y en a une, mais vous devez savoir que les sentiments sont très similaires.

Ce sont des émotions qui nous font ressentir, agir et penser de différentes manières. Elles peuvent nous inciter à faire quelque chose ou à éviter de le faire.

Toutes les émotions ont une intention positive. Par exemple, le fait de se sentir inquiet et anxieux à l'idée de réussir un examen ou de faire une présentation peut vous inciter à bien vous préparer et à rester concentré. Toutefois, comme toutes les autres émotions, l'anxiété devient un problème si, au lieu de vous faire réagir d'une certaine manière qui soit utile, elle vous paralyse. Dans le cas des examens, si l'inquiétude vous envahit, les battements de votre cœur et les pensées négatives peuvent prendre le dessus sur votre esprit. Votre capacité à vous concentrer, à penser correctement et à réviser en souffre.

Ce n'est pas seulement ce que vous pensez qui peut créer des sentiments d'inquiétude. Encore une fois, tout comme les autres émotions, l'anxiété comporte trois parties : les pensées, les sensations physiques et le comportement. Explorons en détail chacune des caractéristiques suivantes.

Nature physique

Cet aspect de l'inquiétude concerne les changements physiques qui se produisent dans votre corps. En d'autres termes, les changements corporels internes que vous subissez.

Les signes physiques les plus courants de l'anxiété sont les suivants :

- Une respiration rapide, qui peut provoquer une sensation de faiblesse, de tremblement et d'étourdissement. Elle peut également provoquer des picotements dans les orteils et les doigts.
- La tension musculaire, qui active la tension dans la mâchoire, les maux de tête, l'oppression de la poitrine et de la gorge.
- Une poussée d'hormones, qui peut générer des bouffées de chaleur et vous faire transpirer.
- Des visites régulières aux toilettes
- Des modifications de l'apport sanguin à votre système digestif, qui peuvent provoquer des papillons, des nausées et des malaises.

Il est facile pour l'inquiétude de ne pas être diagnostiquée, surtout si elle se révèle être un problème physique. Des problèmes d'estomac, par exemple, ou un besoin urgent d'aller aux toilettes peuvent toujours traduire un sentiment d'anxiété face à un événement à venir, mais peuvent passer inaperçus.

Si chacun a des pensées différentes lorsqu'il est inquiet, nous avons tous des réactions physiques similaires. Quels que soient l'âge, la race ou le sexe, lorsque nous sommes inquiets ou effrayés, notre corps produit des hormones qui se propagent dans diverses parties du corps. L'adrénaline fait augmenter le rythme cardiaque et le sang circule là où il est nécessaire.

Les changements physiques permettent à votre corps de vous protéger dans une circonstance dangereuse en fuyant ou en combattant. C'est ce qu'on appelle le réflexe de fuite ou de combat.

Cette réaction est nécessaire pour vous protéger contre les dangers physiques. Mais, lorsqu'il n'y a pas de danger physique, vous n'avez pas besoin de vous enfuir, l'impact de l'adrénaline diminue et vous pouvez être agité pendant un long moment.

Aspect comportemental

L'aspect comportemental de l'anxiété concerne les choses que vous faites ou ne faites pas lorsque vous vous sentez inquiet. De la même manière que chacun d'entre nous a des pensées différentes sur une situation, chacun se comporte également de manière différente.

Si, par exemple, vous êtes inquiet avant un examen, vous pouvez marcher de long en large dans la salle. Mais quelqu'un d'autre pourrait s'asseoir et se ronger les ongles à cause de l'anxiété. Quelqu'un d'autre pourrait avoir recours au chewing-gum.

La façon dont nous agissons lorsque nous nous sentons inquiets dépend de différents éléments, notamment de ce qui a activé le sentiment d'anxiété, de notre capacité à contrôler la situation et de la façon dont la situation se compare à nos expériences passées.

Au lieu de réagir en faisant quelque chose, votre comportement peut consister à ne pas faire quelque chose. Dans l'exemple de l'examen, vous pourriez l'éviter en ne vous rendant pas sur place le jour de l'examen.

Par conséquent, lorsque vous vous sentez inquiet, il s'agit d'un phénomène physique, comportemental et cognitif. Supposons que vous soyez inquiet à l'idée de parler à un groupe de personnes. Voici comment vous pourriez vivre cette inquiétude.

- Réponse physique : Augmentation du pouls, respiration rapide et brûlure d'estomac.
- Réponse comportementale. Jouer avec son stylo et se ronger les ongles.
- Réponse cognitive. "Je vais bégayer et ne pas devenir clair, et tout le monde pensera que je ne suis pas conscient de ce que je dis".

Il n'existe pas d'ordre standard dans lequel les propriétés de l'anxiété mentionnées ci-dessus se manifestent, mais tout autre facteur peut avoir un impact sur les autres : la façon dont vous vous sentez, agissez et pensez est intrinsèquement liée.

Par exemple, une réponse anxieuse à l'idée de s'adresser à un groupe de personnes peut commencer par une réaction physique : augmentation du pouls, accélération de la respiration et bouffées de chaleur. Cela peut activer une réaction comportementale où vous jouez avec votre stylo ou vous rongez vos ongles.

Ou vous pouvez commencer à jouer avec votre stylo et à vous ronger les ongles. Cela peut activer une réponse physique. Et ensuite, vos pensées suivront.

Pourtant, vos pensées anxieuses peuvent commencer. Ces pensées peuvent alors déclencher une accélération du pouls, des bouffées de chaleur et des brûlures d'estomac. Vous pouvez alors commencer à vous ronger les ongles et à jouer avec votre stylo.

Pour maîtriser l'interaction suivante des sentiments, des pensées et des comportements lorsque vous êtes inquiet, donnez votre propre exemple d'un événement qui vous rend toujours anxieux.

Aspect cognitif

Ce que vous croyez, vos perceptions et vos interprétations d'un événement à venir font partie de la caractéristique cognitive de l'inquiétude.

Des personnes différentes peuvent avoir des pensées différentes sur les circonstances. Par exemple, dans l'exemple de l'examen, une personne peut penser : "Je ne suis pas sûr de pouvoir le faire. Je suis peut-être désespéré. Je pourrais échouer. Cependant, une autre personne pourrait penser : "Supposons que j'oublie tout ce que j'ai appris". "Et s'ils ne posent pas de questions associées aux sujets que j'ai révisés ?"

Dans l'ensemble, vos pensées et vos préoccupations concernant une situation donnée comprennent toujours les pensées que vous pouvez avoir sur la façon dont vous vous sentirez ou agirez une fois que vous aurez vécu cette situation. Vous pouvez dire que vous le ferez :

- Faire une crise cardiaque et s'évanouir.
- Perdre le contrôle et devenir fou
- Vous avez l'impression que tout va très vite et que vous allez être séparé de votre environnement et des personnes qui s'y trouvent.
- Je veux m'enfuir et fuir la situation.

Lorsque vous êtes très inquiet, vous ne faites pas que penser. Vous savez et croyez vraiment que vous êtes sans espoir, et que vous ne pouvez pas le faire.

Lorsque l'inquiétude prend le contrôle de votre vie, au lieu d'accepter ce qui pourrait arriver, vous avez tendance à croire que cela va arriver. C'est ce qu'on appelle la "fusion cognitive". Vous vivez vos pensées comme un fait et une réalité.

Propriété autonome de l'inquiétude

Une fois que vous voyez l'inquiétude comme une pensée, un comportement et une sensation physique, il devient facile de voir comment ils sont interconnectés et comment ils vous contrôlent. Vous pouvez également comprendre comment l'anxiété peut s'auto-entretenir. Une propriété peut en nourrir une autre. Par exemple, plus vous avez de pensées d'inquiétude, plus vous risquez de ressentir des sensations physiques. Cela peut alors vous amener à adopter des comportements inutiles qui, à leur tour, permettent d'éprouver davantage d'inquiétude.

Vous pouvez, par exemple, être inquiet à l'idée de prendre la parole lors d'un événement public. Vous êtes agité et vous avez la nausée à l'idée qu'on vous demande de parler en public. Ensuite, vous craignez que votre inquiétude se manifeste et que tout le monde sache que vous êtes anxieux. Vous faites donc tout ce que vous pouvez pour éviter les réunions. Mais vous vous inquiétez ensuite de ce que votre supérieur pense que vous n'avez rien à apporter, et vous sentez que vous devez travailler plus dur dans d'autres parties de votre travail pour démontrer que vous avez quelque chose à apporter. Avant de vous en rendre compte, vous serez pris au piège dans un cycle d'inquiétude.

Et si vous avez peur de votre inquiétude et de ses symptômes, c'est-à-dire des sentiments, des comportements et des pensées, vous risquez également d'acquérir de nouvelles angoisses ou de découvrir des scénarios anxiogènes.

Est-ce la nature ou l'éducation ?

Naît-on inquiet ou apprend-on à l'être ?

Il se peut que certaines personnes soient nées sensibles et prédisposées à l'anxiété et à l'inquiétude.

Il se peut également que vous ne soyez pas né anxieux, mais que le sentiment d'anxiété soit quelque chose que vous avez appris très tôt dans votre vie. Des membres de votre famille proche ont pu être inquiets et vous transmettre leur anxiété. Vous avez alors appris à réagir de la même manière.

Les expériences traumatisantes passées, telles que les brimades, les abus et les violences domestiques, peuvent entraîner de l'anxiété. Si les craintes courantes de l'enfance, comme la peur du noir ou la peur d'être laissé seul, n'ont pas été prises en charge par les parents, l'enfant peut être plus vulnérable à l'inquiétude plus tard dans la vie. Si vous avez connu beaucoup de changements dans votre vie lorsque vous étiez jeune, que vous avez vu vos parents divorcer, tomber malade ou qu'un de vos proches est tombé malade, vous avez pu être incertain de ce qui allait se passer ensuite. Cela peut vous rendre plus vulnérable à l'inquiétude.

Si vous avez vécu quelque chose de pénible dans le passé, que ce soit dans votre enfance ou à l'âge adulte, et que vous avez eu du mal à contrôler vos émotions à ce moment-là, vous pouvez être anxieux à l'idée que des situations similaires puissent se reproduire au cas où elles déclencheraient les mêmes sentiments.

Certaines personnes peuvent clairement identifier une cause à leur anxiété : une accumulation de stress ou le fait d'avoir vécu un événement marquant de leur vie, comme la perte de leur emploi ou une opération chirurgicale. Il peut s'agir d'une situation actuelle ou d'un certain nombre d'événements ou d'événements cumulatifs que vous considérez comme stressants.

Cependant, certaines personnes n'ont pas de cause exacte à leur inquiétude.

L'anxiété peut donc être causée par une chose ou par divers événements. Il se peut que vous soyez prédisposé de naissance à ressentir de l'anxiété ou que ce soit un effet de votre éducation, de vos expériences actuelles. Il peut s'agir d'une combinaison de tous ces facteurs.

Ce qui est clair, en revanche, c'est qu'il y a une somme de forces en action lorsque vous êtes anxieux : des sentiments physiques, des pensées et un comportement. Et les forces suivantes interagissent les unes avec les autres. Apprendre cela peut aider à décomposer l'anxiété. Cela peut vous aider à mieux comprendre l'aspect de l'anxiété - comment et pourquoi elle vous fait sentir, penser et agir comme vous le faites lorsque vous êtes inquiet.

Dans la section suivante, vous en saurez plus sur ce qui peut déclencher l'inquiétude et sur les différentes façons dont elle peut se manifester.

Les principales causes d'inquiétude

Les expériences passées sont quelques-unes des causes d'inquiétude. Des voleurs peuvent vous avoir volé quelque chose dans la rue ; vous serez donc un peu inquiet lorsque vous marcherez dans la même rue. Vous vous sentirez toujours en insécurité à cause de choses désagréables qui vous sont arrivées. Assurez-vous toujours que de tels événements ne se produiront jamais, ce qui est un moyen de combattre cette attitude.

Une faible estime de soi peut être une autre cause. Vous croyez qu'à chaque fois que vous faites quelque chose, vous échouez toujours. Vous développez une perception négative et vous avez l'impression que quelque chose serait bien si une autre personne le faisait. Cela montre que vous vous décrédibilisez, ce qui est une mauvaise chose, surtout pour les personnes qui sont censées réussir. Ce que l'on devrait faire pour éliminer cette peur de l'échec, c'est de croire que l'on peut réussir quelle que soit la situation.

Parfois, les aspects économiques et sociaux d'un individu génèrent un tel vice dans son système corporel. Si vous êtes issu d'un milieu modeste, vous risquez d'avoir cette attitude lorsque vous serez face à des hommes riches. Vous aurez peur qu'ils vous jugent et vous méprisent car ils sont au-dessus de votre statut. L'environnement sociétal affecte également cette attitude, car on prend de la distance lorsqu'on est en contact avec des individus de rang supérieur. Pensez à la façon dont vous réagiriez si le président décidait de visiter votre maison. Vous seriez, à coup sûr, perplexe.

Votre nature vous trahit parfois lorsqu'on affiche un tel caractère. Certaines personnes sont normalement déconcertées ou ont des actions déstabilisantes. Elles manifestent une peur irrationnelle à l'égard de quelque chose qui ne peut être établi. Une telle nature peut être déduite de la constitution génétique de cette personne. En outre, si une personne est toxicomane ou a des problèmes mentaux, elle peut manifester ces émotions régulièrement.

Types d'inquiétudes

À tout moment, vous vivez des situations imprévisibles. Par exemple, dans le domaine des affaires, vous pouvez avoir peur d'investir votre argent dans un investissement particulier. C'est pourquoi il y a une analyse des risques dans chaque investissement commercial. En d'autres termes, cette méthode d'inquiétude peut être traitée sous tous les angles. Elle amène une personne à repenser sa nature inquiétante et à réfléchir aux mesures nécessaires à prendre.

Il est difficile de mener une bataille sans savoir ce qu'elle implique. Il faut donc comprendre les problèmes qui poussent quelqu'un à paniquer. L'anxiété et l'inquiétude excessives entraînent un trouble qui connaît votre personnalité. Les psychologues qualifient cet état de lié à l'état mental. Certaines personnes craignent de prendre part à certaines activités parce qu'elles pensent que leur conscience les avertit d'un éventuel échec. En termes simples, cette attitude se traduit par un malaise mental face à un objet. Pour bien cerner cet état, vous devez en connaître les différentes caractéristiques et les différents types.

Il y a l'anxiété soluble qui est catégorisée et structurée. Cette démonstration montre que l'on peut extraire sa cause et l'objet lié au sentiment. Elle est également considérée comme authentique dans l'image mentale. L'inquiétude ou l'anxiété soluble contient également une certaine caractéristique que l'on utilise pour la résoudre.

Le sentiment structuré ou l'inquiétude est un autre type de préoccupation. Ces émotions ne peuvent pas être catégorisées, et on ne peut pas comprendre leur source ou un sujet d'intérêt spécifique. Il peut s'agir d'une confusion naturelle ou de troubles personnels. Vous pouvez demander pourquoi une certaine personne est anxieuse, mais cette personne ne peut pas dire clairement la raison de ce comportement. De telles situations exigent que l'on examine attentivement ses sentiments pour les contrôler efficacement.

Le trouble anxieux généralisé est une autre forme qui peut être liée à votre nature inquiète. Dans cet aspect, vous ne pouvez pas expliquer la cause réelle de ce sentiment. Vous ressentez une nervosité physique et une tension mentale. Certaines personnes considèrent même ce sentiment comme un signe avant-coureur d'une circonstance probablement absurde. Lorsqu'un individu se sent mal à l'aise face à un événement, c'est le signe d'un événement désagréable. Les symptômes les plus courants sont la fatigue, l'irritation, une vitesse non clarifiée, et bien d'autres encore.

Certaines personnes ont du mal à prendre la parole dans une assemblée publique. Ce sont des personnes qui montrent une peur irrationnelle lorsqu'elles se connectent au public. Ces personnes préfèrent rester seules car elles pensent que les autres vont les juger ou les condamner. Elles se dévalorisent généralement, ainsi que leur rang social. Ces personnes ont donc peur d'être embarrassées. Cette nature est parfois connue sous le nom de timidité. Pour travailler avec la timidité, un individu doit s'entraîner à parler aux gens ou à interagir suffisamment avec eux.

Les attaques de panique sont de nature très inquiétante. Il est probable qu'à un moment donné de votre vie, vous ayez éprouvé un sentiment rapide de nervosité et de peur lorsque vous avez rencontré quelque chose. Certaines personnes disent qu'elles ressentent cette réaction lorsqu'elles sentent un danger. Les attaques de panique peuvent être définies comme un trouble de la personnalité. Il s'agit d'un sentiment très fort et sévère que vous pouvez facilement confondre avec une éventuelle crise cardiaque. Certains des symptômes de ce trouble consistent en un rythme cardiaque rapide, des difficultés à respirer, une transpiration excessive, des douleurs thoraciques ou même un engourdissement du corps.

Connaissez-vous des personnes qui n'aiment pas l'eau parce qu'elles ont la phobie de l'eau ? Si vous en avez vu un, alors il s'agit d'une autre catégorie de personnel inquiet. Il s'agit donc des phobies spécifiques que les gens ont normalement. Ces émotions sont similaires à une réaction allergique lorsqu'on est confronté à un objet. Certaines personnes ont peur des insectes et autres animaux. Pour cette raison, elles s'inquiètent lorsqu'elles les rencontrent. Certains symptômes des phobies susmentionnées consistent en l'incapacité de contrôler l'excès de peur, ce qui limite l'exécution des tâches courantes.

Dans certaines situations, vous souffrez de troubles post-traumatiques. Il s'agit d'événements défavorables dans votre vie qui ont causé du chagrin et de la douleur. Ces troubles conservent une cicatrice dans votre vie qui vous inquiète lorsque vous les vivez. Imaginez une femme qui a été attaquée à un certain endroit ; chaque fois qu'elle s'approche de cet endroit, elle ressent une forte panique.

Chapitre 2 : Pensées négatives

Vous sentez-vous dépassé par vos pensées ? Êtes-vous préoccupé ou stressé par les tâches que vous devez accomplir chaque semaine ? Avez-vous fait des efforts pour arrêter de vous inquiéter de la vie en général ?

Tout le monde est confronté à des pensées négatives de temps à autre. Mais si vous vous sentez toujours accablé par ces pensées, il est temps de vérifier de près ce que vous pensez et comment vos pensées affectent votre bien-être mental.

Selon la science, la pensée positive peut améliorer le bien-être mental, réduire le stress et même améliorer la santé cardiovasculaire.

Le monologue interne fait partie de votre paysage mental. Il est toujours présent, tout le temps, que ce soit le jour ou la nuit, il vous rappelle les courses que vous devez choisir, et vous fait vous sentir inquiet à propos des titres de l'actualité, de l'état actuel ou de l'environnement actuel.

Certaines de vos pensées sont aléatoires et n'ont aucune valeur.

D'un autre côté, beaucoup de vos pensées sont négatives et intrusives. Par exemple, "Je me sens tellement coupable de ce que j'ai dit à mon frère."

Qu'elles soient neutres, négatives ou positives, ces pensées envahissent votre esprit, de la même manière que votre maison peut devenir désordonnée lorsque vous avez beaucoup de possessions.

Malheureusement, désencombrer son esprit n'est pas aussi simple que de se débarrasser de ses biens. Il est difficile de jeter une pensée et de s'attendre à ce qu'elle disparaisse. En fait, vos pensées négatives ont un moyen de revenir dès que vous les jetez.

Pourquoi avons-nous des pensées négatives ?

Maintenant, imaginez votre esprit comme une maison complètement organisée. C'est une maison qui est exempte de possessions épuisantes et inutiles qui vous ennuient. Supposez que vous vous entouriez uniquement de pensées qui vous inspirent, vous apaisent et vous élèvent ?

Prenez, par exemple, votre esprit comme un ciel paisible sans nuages, et vous avez le pouvoir de décider de ce qui flotte à travers. Si ce ciel mental sans nuage est si intéressant, alors pourquoi passez-vous beaucoup de temps à penser, avec peu de filtres pour sélectionner les pensées positives et pertinentes parmi celles qui sont aléatoires et inutiles ?

Votre cerveau compte environ 100 milliards de neurones, et un autre milliard dans votre moelle épinière. Le nombre total de connexions entre les neurones et les cellules nécessaires au traitement a été estimé à 100 trillions de synapses.

Notre cerveau intelligent traite en permanence tous les types d'expériences et les analyse sous forme de pensées. Les pensées forment ce que nous considérons comme la réalité.

Nous pouvons diriger et contrôler nos pensées, mais il semble toujours que nos pensées aient leur propre esprit, contrôlant la façon dont nous nous sentons. La pensée est importante pour résoudre les problèmes, prendre des décisions et planifier, mais entre les moments d'événements mentaux proactifs, l'esprit erre comme un singe sauvage, vous entraînant dans les ronces de la négativité.

Votre dialogue intérieur quotidien vous distrait de ce qui se passe autour de vous, maintenant et ici même. Il vous fait rater des expériences importantes et sabote l'excitation du moment présent.

Il est intéressant de noter que nous supposons que nous devons réfléchir davantage ou plus fort pour comprendre pourquoi nous ne sommes pas aussi épanouis que nous le souhaiterions. Nous essayons de mettre en évidence les possessions, les expériences, les personnes qui pourraient soulager notre malheur. Plus nous pensons à notre désespoir, plus nous devenons découragés. Nos pensées nous rendent inquiets, agités et vides lorsque nous regardons vers l'avenir.

Pratiquement toutes les pensées négatives que vous éprouvez sont associées au passé ou à l'avenir. Il est normal de se trouver pris dans un cycle de pensées de regret ou d'inquiétude, même si l'on cherche désespérément à échapper à la bande sans fin qui tourne dans son esprit.

Non seulement vous vous battez avec vos pensées, mais vous luttez aussi avec votre incapacité à vous en libérer. Plus les pensées négatives continuent d'apparaître, plus votre état empire. C'est presque comme si vous étiez deux. Le juge et le penseur. La personne qui pense les pensées et la personne consciente que vous les pensez et que vous jugez à quel point elles sont mauvaises.

Ce type de pensée nous infecte d'émotions douloureuses. Plus nous avons de pensées culpabilisantes et regrettables, plus nous nous sentons déprimés et en colère. Parfois, ces pensées nous paralysent avec de mauvais sentiments, et ce sont ces sentiments qui nous privent du contentement et de la paix intérieurs.

Alors que nos pensées sont le coupable responsable de bien des détresses, nous supposons qu'il n'y a pas grand-chose à faire. Il est difficile d'empêcher votre esprit de penser, n'est-ce pas ? Vous ne pouvez pas éteindre votre cerveau à volonté ou vous débarrasser du bavardage mental et des sentiments liés qui vous empêchent de profiter pleinement de la vie.

Souvent, nous connaissons des périodes aléatoires de paix et de calme mental. Cependant, nous essayons de calmer le bavardage mental en recourant à l'automédication avec trop d'alcool, de drogues, d'exercice et de nourriture. Cependant, il s'agit de solutions temporaires pour filtrer le bruit et réduire la douleur. Après un certain temps, nos pensées reviennent, et le cycle se poursuit.

Devons-nous constamment lutter contre nos pensées et les laisser nous entraîner dans l'inquiétude, l'anxiété et les regrets ? Existe-t-il un moyen d'avoir un esprit clair, exempt de douleur et de négativité ?

Vous ne parviendrez peut-être pas à garder votre maison mentale libre de tout désordre en permanence, mais vous pouvez influencer suffisamment vos pensées pour améliorer considérablement la qualité de votre vie et votre bonheur général. La pensée peut sembler automatique et incontrôlable, mais la plupart de nos schémas de pensée sont irréfléchis et habituels.

Bien que vos pensées puissent sembler inséparables, vous avez un moi conscient qui peut gérer vos pensées. Vous avez plus de contrôle sur vos pensées que vous ne le pensez. Lorsque vous découvrez comment réguler votre esprit, vous créez un chemin vers une immensité de créativité, de brillance et d'inspiration qui se cache derrière le fouillis de ces pensées indomptées.

Grâce à différentes pratiques de pleine conscience et à des habitudes pratiques, vous pouvez décharger vos pensées et créer plus d'espace dans votre esprit pour connaître le bonheur et la paix intérieurs.

Les avantages d'une vie positive

Les penseurs positifs gèrent mieux le stress

Vous est-il déjà arrivé, au travail, de recevoir un message indiquant que votre patron souhaitait vous rencontrer et de vous inquiéter toute la journée de ce que pourrait être cette réunion ? Peut-être avez-vous échoué quelque part. Peut-être avez-vous fait des choses terribles que vous avez oubliées. Ou peut-être qu'une terrible histoire à votre sujet s'est répandue comme une traînée de poudre, et que vous êtes censé vous défendre. Ainsi, les heures qui précèdent la réunion, vous passez en revue toutes les raisons négatives possibles pour la réunion. Vous avez l'esprit embrumé. Vous êtes prisonnier de votre propre anxiété. Puis la réunion arrive enfin, et vous découvrez que vous avez oublié de soumettre des documents. Le stress que vous avez ressenti toute la journée n'était pas pertinent, et vous avez donc gaspillé une quantité massive de votre précieuse énergie émotionnelle. La plupart de notre stress quotidien, comme dans le scénario suivant, est auto-créé.

Les recherches indiquent que le stress n'existe pas en soi dans un événement, mais plutôt dans nos pensées sur cet événement. En d'autres termes, indépendamment de ce qui se passe dans la vie, vous avez la possibilité de vous asseoir sur le siège du conducteur émotionnel. Les pessimistes abordent généralement les situations courantes de la vie en pensant qu'ils ont commis une erreur. Dans l'exemple précédent, de nombreuses personnes supposent constamment que la seule raison pour laquelle un patron devrait nous appeler est que nous avons commis une erreur. Cette façon de penser génère non seulement un stress supplémentaire, mais nous prive d'opportunités et d'amitiés, et peut avoir un impact sur notre capacité à contrôler le stress à long terme. En revanche, les optimistes n'adoptent pas de sentiment fondé sur une situation donnée avant de disposer de tous les faits nécessaires pour l'examiner équitablement. Cela ne signifie pas que l'optimiste s'imagine que quelque chose d'extraordinaire va se produire lors de la réunion. Ils ne sont pas en train d'attendre anxieusement, en comptant les heures jusqu'à l'heure de leur bureau pour pouvoir recevoir un plus gros prix. Ils ne supposent simplement rien du tout.

Si l'événement est négatif, l'individu positif bénéficie du fait qu'il n'a pas ruminé toutes les possibilités et développé des millions et des millions de situations négatives dans sa tête. Elle est donc prête à contrôler les résultats de la situation, moins susceptible de réagir de manière excessive à une émotion refoulée et capable de résoudre tous les problèmes auxquels elle est confrontée. Par conséquent, les personnes positives sont capables de résoudre les problèmes et s'appuient sur des compétences de gestion plutôt que de se défouler sur le problème en question.

Sachez dès aujourd'hui que vous pouvez choisir où vous investissez votre énergie. Rappelez-vous que la plupart du stress de votre vie quotidienne peut être évité ou même réduit en maintenant une attitude positive. Les recherches montrent que les optimistes créent non seulement des situations moins stressantes, mais qu'ils subissent également moins de stress que les pessimistes. En devenant plus optimiste, vous commencerez à laisser tomber les événements négatifs plus rapidement. Cela permet d'éviter que les situations stressantes n'augmentent et ne deviennent écrasantes.

Vous parviendrez également à mettre en place un meilleur système de soutien, car vous aurez cessé d'envisager le pire dans chaque situation. Lorsque des situations stressantes se présentent, vous devriez pouvoir vous tourner vers vos amis et compter sur eux pour vous aider à les surmonter. Lorsque vous commencez à voir les bonnes choses, vous avez de meilleures relations et moins de stress. Par conséquent, vous pouvez vous débarrasser de certains de vos bagages inutiles. Je pense que vous êtes d'accord pour dire que le monde a besoin de quelques personnes supplémentaires qui laissent leurs bagages à la maison.

La pensée positive est nécessaire pour votre santé

La Mayo Clinic a découvert que les pensées négatives peuvent activer votre besoin de soins médicaux, ainsi qu'augmenter votre probabilité de maladie cardiaque. Pour démontrer à quel point la pensée et les comportements positifs peuvent changer votre santé, voici trois études sur l'impact de la positivité sur la santé.

Dans le cadre d'une étude menée à l'université du Missouri, des étudiants ont tenu un journal positif tous les jours, trois fois par semaine. Après trois mois, les étudiants ont déclaré avoir une meilleure humeur et moins de visites au centre de santé que ceux qui n'avaient pas tenu de journal.

Une étude menée par l'université de l'Indiana sur des patientes ayant subi une opération pour un cancer du sein a révélé que celles qui menaient une vie positive présentaient moins de cellules tueuses naturelles, une forme de globules blancs capables de détruire les cellules tumorales. Ces cellules sont nécessaires au processus de guérison à long terme, ce qui signifie qu'un mode de vie positif permet aux patientes post-opératoires d'avoir un système immunitaire fort.

Des chercheurs de l'université John Hopkins ont suivi pendant vingt-cinq ans un groupe de personnes ayant des antécédents familiaux de maladies cardiaques. Au cours de cette période de recherche, les membres qui avaient un mode de vie positif ont signalé une diminution d'un tiers du nombre de crises cardiaques.

Il ne s'agit là que d'un petit échantillon des centaines d'articles qui établissent un lien entre une disposition d'esprit joyeuse et une meilleure santé à long terme. Le principal enseignement est que les optimistes ressentent moins de douleur, ont une meilleure fonction cardiaque, une durée de vie plus longue et un système immunitaire plus fort. Il convient de noter qu'une personne positive n'implique pas que vous soyez obsédé par un mode de vie sain. En fait, décider de vivre sa vie du côté ensoleillé de la rue vous amènera à faire des choix de vie plus sains.

Des méthodes simples pour améliorer votre santé grâce à la positivité

1. Tenez un journal quotidien des choses positives qui se passent dans votre vie.

2. Faites une petite promenade dans votre quartier et souriez aux personnes que vous croisez.

3. Chaque fois que vous vous trouvez devant un miroir, dites-vous quelque chose de positif.

4. Appelez une personne que vous aimez et dites-lui combien vous l'appréciez.

La positivité vous rendra plus résistant(e)

Beaucoup de gens pensent que la résilience est un trait de personnalité : on naît avec ou sans. Cependant, je crois qu'il s'agit en fait d'un processus d'apprentissage dynamique, et les recherches tendent à le confirmer. Plus vous êtes optimiste à l'égard de vous-même, plus vous êtes en mesure de ne pas vous soucier des petites choses, et mieux vous vous en sortirez dans les moments les plus effrayants et les plus difficiles. En période de stress, vous devez apprendre à analyser logiquement les situations et à replacer l'événement fou que vous vivez dans un contexte plus large. Cela vous permettra de rester concentré et de comprendre la nécessité réelle de l'ensemble de la situation par rapport à l'histoire désastreuse que le choc non mitigé vous rappelle automatiquement.

En outre, même dans les situations les plus tristes et les plus dévastatrices, il y a toujours un côté positif. En tirant parti de compétences telles que l'auto-évaluation et la résolution de problèmes, vous avez la possibilité d'apprendre et de grandir à partir de chaque circonstance négative plutôt que de vous concentrer sur la façon dont la situation désastreuse transforme votre vie à court terme. Lorsque vous faites cela, chaque pierre d'achoppement devient une chance de grandir et de changer.

Une meilleure résilience n'est pas aussi simple que de se concentrer sur le bon côté des choses lorsque de mauvaises choses se produisent. Disons que je passe une excellente journée. Je vais en informer mes meilleurs amis et peut-être mes parents. Je le mentionnerai peut-être au cours d'une conversation avec d'autres personnes si cela se présente, mais ce ne sera qu'une brève mention. À l'inverse, si je passe une mauvaise journée, je le dirai à tout le monde. Je mentionnerai chaque détail ; ce que les gens portent, l'apparence de leurs visages, ce que la cafétéria offrait ce jour-là. Je pourrais même fournir des effets sonores pour démontrer la terreur de tout cela.

Comment développer un regard positif

Consignez les choses positives qui se produisent dans votre vie dans une feuille de calcul. Lorsque des situations stressantes surviennent, vous disposez d'une liste des éléments positifs de votre vie dans laquelle vous pouvez puiser pour vous aider à les surmonter.

Conseils pratiques pour vous aider à adopter un état d'esprit positif

Le pouvoir de la pensée positive est une idée courante, qui peut parfois ressembler à un cliché. Pourtant, les avantages physiques et mentaux de la pensée positive ont été prouvés par de multiples études scientifiques. Un état d'esprit positif vous apporte beaucoup de confiance, de la bonne humeur, et permet de réduire les risques de souffrir de dépression et d'autres problèmes liés au stress.

Eh bien, pour ceux qui ne savent pas ce qu'est la pensée positive, nous pouvons y faire référence en tant qu'imagerie positive ou optimisme général, mais il s'agit toujours de concepts généraux. Si vous voulez apprendre à penser positivement, vous aurez besoin d'exemples profonds pour vous guider dans ce processus.

1. Commencez votre journée par une déclaration positive

La façon dont vous commencez votre journée donne le ton pour toute la journée. Vous est-il déjà arrivé de vous réveiller en retard, de paniquer et de penser que rien de bon ne s'est produit le reste de la journée ? Cela pourrait être dû au fait que vous avez commencé la journée avec une émotion négative et une perception pessimiste qui se sont traduites dans tous les autres événements que vous avez vécus. Plutôt que de laisser cette situation perdurer, commencez votre journée par des affirmations positives. Regardez le miroir en vous parlant à vous-même, même si vous vous sentez stupide. Vous serez choqué de voir à quel point votre journée change.

2. Identifier l'humour dans les mauvaises situations

Permettez-vous de faire preuve d'humour même dans les situations les plus difficiles. Dites-vous que cette situation se transformera probablement en une bonne histoire plus tard et essayez de faire une blague à ce sujet.

3. Concentrez-vous sur les bonnes choses, aussi petites soient-elles.

Bien sûr, vous allez rencontrer des obstacles tout au long de la journée. Il n'y a jamais de journée parfaite. Lorsque vous êtes confronté à un tel défi, concentrez-vous sur les avantages, même s'ils semblent minimes. Par exemple, si vous êtes coincé dans les embouteillages, pensez au temps dont vous disposez pour écouter le reste de votre meilleur podcast.

4. Restez à l'écart des personnes négatives

Les personnes négatives peuvent être un véritable casse-tête pour les pensées positives. Elles peuvent déclencher l'anxiété et le doute de soi. On peut parfois parler d'une mentalité de foule, alors n'en soyez pas victime.

Les actions des personnes négatives finiront par affecter votre comportement. Si vous voulez être plus confiant et positif, il est important de choisir vos amis avec sagesse. Choisissez des personnes qui non seulement parlent avec confiance et positivité, mais qui démontrent ces qualités.

5. Concentrez-vous sur le présent

Oubliez ce que votre patron a dit il y a cinq minutes. Oubliez ce qu'il pourrait dire dans cinq minutes. Concentrez-vous sur le moment présent. Dans la plupart des cas, vous réaliserez que ce n'est pas aussi grave que vous le pensiez. La plupart des sources de négativité proviennent du souvenir d'un événement récent ou d'un événement futur possible. Restez dans le moment présent.

6. Transformer les échecs en leçons

Vous n'êtes pas parfait. Vous allez commettre des erreurs et connaître l'échec dans de multiples emplois et contextes. Plutôt que de vous concentrer sur la façon dont vous avez échoué, pensez à ce que vous ferez la prochaine fois. Transformez votre échec en une leçon.

7. **Pensez aux répercussions**

Par exemple, si vous avez une date limite pour un travail particulier et qu'il devient évident que vous ne la respecterez pas, pensez à ce qui pourrait arriver. Si vous le terminez à temps, il ne sera pas aussi bon que prévu. Si vous y consacrez plus de temps, cela pourrait entraîner d'autres problèmes.

C'est le meilleur moment pour vous demander si votre pensée négative est générée par le perfectionnisme. Il est soit important soit impossible d'être parfait. La meilleure chose que vous puissiez faire est de faire le meilleur travail que vous puissiez faire. Virtuellement, il est possible de continuer à changer quelque chose, mais vous devez vous demander si les améliorations qui seraient réalisées sont significatives pour les résultats à long terme du report de la concurrence.

Encore une fois, envisagez les solutions. Par exemple, vous pouvez demander une prolongation du délai, ou vous pouvez déléguer une partie du travail. Il y a généralement différentes options disponibles. En tirant parti des répercussions, vous pouvez rester positif et garder le contrôle.

Chapitre 3 : Le stress émotionnel

Le stress émotionnel peut être plus difficile et plus douloureux à gérer que les autres types de stress. Discuter d'une solution ou réfléchir à une solution peut facilement déboucher sur la rumination et la co-rumination, qui ne sont ni importantes ni efficaces pour résoudre les problèmes. La rumination est dangereuse car elle peut augmenter votre niveau de stress. Il est donc important d'avoir une méthode saine pour gérer le stress émotionnel et de se détourner de la rumination et de la réaction d'évitement pour se tourner vers des méthodes émotionnelles proactives de gestion du stress.

Les causes du stress émotionnel

Le stress relationnel porte un grand pourcentage sur notre vie émotionnelle et développe des réponses émotionnelles fortes car nos relations peuvent fortement affecter nos vies pour le meilleur ou pour le pire. Les relations saines peuvent déclencher de bons moments et servir de ressources dans les moments difficiles. En revanche, de mauvaises relations pleines de conflits peuvent aggraver notre vie émotionnelle et même nous affecter physiquement.

Les relations amoureuses ne sont pas la seule cause majeure de stress émotionnel, un environnement de travail désagréable, des crises financières ou une foule d'autres facteurs de stress peuvent activer le stress émotionnel, ce qui nous attire parfois vers des comportements d'adaptation malsains pour échapper à la douleur, surtout lorsque les circonstances semblent sans espoir. L'un des aspects les plus difficiles de la gestion du stress émotionnel est probablement le sentiment d'être incapable de changer la situation. Si nous ne pouvons pas réguler nos niveaux de stress en éliminant la situation stressante, nous pouvons travailler sur notre réponse émotionnelle à cette situation.

Gestion du stress

Bien que vous puissiez penser qu'il n'y a rien à faire pour contrôler le stress à la maison et au travail, il existe des mesures que vous pouvez suivre pour soulager la pression et reprendre le contrôle.

La gestion du stress consiste à prendre en charge vos pensées, vos émotions, votre mode de vie et la façon dont vous gérez les problèmes. Quel que soit le degré de stress de votre vie, il existe des mesures que vous pouvez prendre pour soulager la pression et récupérer.

Gérer le stress émotionnel

Heureusement, même s'il est difficile de corriger ces situations du jour au lendemain, vous pouvez soulager le stress émotionnel que vous subissez, et les dommages que ce stress vous cause. Vous trouverez ci-dessous quelques exercices que vous pouvez essayer pour gérer efficacement le stress émotionnel :

1. Distrayez-vous

La plupart des gens pensent que si vous ne montrez pas toutes les émotions que vous ressentez, l'émotion se révélera d'une manière différente. Dans un sens, c'est vrai : il y a des avantages à confirmer nos états émotionnels pour découvrir ce que nos émotions essaient de nous informer, et dans un sens malsain, cela peut générer d'autres problèmes. Cependant, des recherches ont montré que le fait de se distraire de la douleur émotionnelle par des moyens sains peut réduire la douleur émotionnelle et nous permettre de nous sentir mieux.

2. Pratiquer la méditation

La méditation est essentielle pour gérer différents facteurs de stress, et le stress émotionnel est l'une des catégories de facteurs de stress que la méditation aide à gérer. Elle vous permet de faire une pause dans la rumination en redirigeant activement vos pensées.

3. Pratiquer la pleine conscience

Lorsque vous souffrez de stress émotionnel, vous ressentez une douleur physique. Une forte sensation dans la poitrine, un mal de tête sourd, une sensation déstabilisante dans l'estomac. Il est habituel d'échapper à ces sentiments, mais il peut être nécessaire d'approfondir l'expérience et d'appliquer la pleine conscience pour découvrir où ces réponses émotionnelles sont ressenties physiquement. Certaines personnes déclarent que la douleur est toujours intense avant de pratiquer la pleine conscience.

4. Prévoyez du temps

Si vous vous rendez compte que le stress émotionnel et la rumination interfèrent avec votre prise de conscience, et que la distraction ne fonctionne pas, essayez de prévoir un moment où vous pourrez vous permettre de réfléchir pleinement à la situation et de découvrir des solutions. La tenue d'un journal est une méthode puissante à essayer. Parlez à vos amis du problème, si vous le souhaitez. Immergez-vous complètement. Et adoptez ensuite des distractions saines. Cette méthode fonctionne bien pour deux raisons :

Si vous avez vraiment envie d'être obsédé, cela vous aide à satisfaire cette envie dans un plan à court terme.

Vous vous sentirez peut-être plus détendu tout au long de la journée, car vous comprenez qu'il y aura un moment pour vous concentrer sur votre situation émotionnelle.

5. Parlez à un thérapeute

Si vous constatez que votre niveau de stress émotionnel perturbe vos activités quotidiennes ou menace votre bien-être général, vous pouvez envisager de consulter un thérapeute pour vous aider à résoudre vos problèmes émotionnels.

6. Pensez clairement

Adoptez les pratiques de la thérapie cognitivo-comportementale. Celle-ci met l'accent sur la clarté de la pensée, l'action et l'équilibre des sentiments.

7. Soyez ouvert

Restez ouvert à vos expériences, qu'elles soient négatives ou positives, ne les bloquez pas. C'est le lien continuel avec les problèmes non résolus qui génère les pensées et les sentiments inutiles qui vous affectent. Avec le temps, vous découvrirez des changements dans votre réaction. C'est la voie de la paix intérieure. Vous vous concentrez sur ce qui est pertinent pour vous, vous restez en contact avec les choses qui retiennent votre attention et vous permettent de retrouver votre stabilité.

8. Reculez

Prenez du recul par rapport à la situation de détresse. Gardez à l'esprit que cela n'est pas facile car les pensées déclenchent des réactions en nous, qu'il s'agisse de réactions critiques ou de réactions émotionnelles. Voici quelques méthodes que vous pouvez appliquer pour prendre du recul :

- Choisir des cartes de repérage pour se lire les idées importantes.
- Pratiquez des exercices de respiration comme l'attention portée à l'élévation et à l'abaissement du diaphragme dans la respiration pour vous stabiliser.
- L'établissement d'un espace qui réduit vos réactions immédiates et vous permet de vous concentrer sur ce que vous faites à ce moment-là plutôt que de vous sentir accablé. Cet espace vous permet de traiter les pensées pénibles.

9. Faire une pause et s'apaiser

Même une petite pause vous ramène à des périodes plus longues où vous avez eu le temps d'adopter une perspective plus large. Vous commencez à découvrir des choses comme la façon dont les sentiments d'inquiétude provoquent des tensions dans certaines parties de votre corps. Combien de temps durent-elles ? Se déplacent-ils avec le temps ou restent-ils les mêmes ? Pouvez-vous réduire cet effet en portant votre attention sur le moment présent ou en respirant dans la tension ou le blocage pour développer une réponse distincte comme plus d'espace ou même une réponse de guérison ? L'auto-apaisement est une excellente compétence à acquérir.

10. Acceptez toutes les pensées qui vous viennent à l'esprit

Les pensées et émotions négatives intrusives font partie de l'expérience quotidienne et sont une caractéristique de la dépression et de l'inquiétude. Elles ont tendance à surgir et à disparaître en temps normal, mais sont plus perturbantes lorsque l'humeur est basse.

La réponse est d'accepter toutes les pensées qui s'insinuent constamment dans votre esprit. Sinon, vous pouvez apprendre à ralentir votre esprit et votre corps pour permettre la guérison de l'intérieur.

Chapitre 4 : Désencombrer votre vie

Vous sentez-vous parfois submergé par toutes les choses auxquelles vous vous accrochez ? Il vous est difficile de vous organiser ? Avez-vous l'impression que votre vie est remplie d'obligations, de choses, de relations ou même d'une carrière qui ne correspond pas à la personne que vous êtes devenu ?

Le fait de découvrir délibérément qui vous êtes maintenant et où vous voulez aller dans votre vie peut vous permettre de vous débarrasser de tout ce qui vous encombre et de créer un environnement et un mode de vie dans lesquels vous vous sentez bien.

Se débarrasser des choses qui ne riment plus avec la personne que vous êtes devenu vous aide à bien des égards. Non seulement il est plus facile de rester organisé lorsque vous avez moins de choses dans votre vie, mais l'acte de purge peut vous permettre de réévaluer ce qui est essentiel pour vous et d'obtenir une meilleure clarté sur vos valeurs.

Plus nous avons de choses dans notre assiette, moins nous avons d'énergie et de concentration pour chaque activité. Une interaction profonde entraîne non seulement la satisfaction mais aussi le plaisir. Un esprit dispersé n'est pas un esprit heureux.

Le désencombrement ne fait pas que créer du bonheur, il améliore aussi les performances. Lorsque nous choisissons de désencombrer notre vie, c'est souvent parce que nous espérons trouver une sorte d'ordre, de paix ou même de soulagement face au chaos intérieur et extérieur. Une transformation se produit toujours lorsque nous nous lançons dans le processus de désencombrement. Nous commençons à nous découvrir. Et si nous procédons par paliers, le désencombrement peut devenir un lieu de croissance profonde.

Le désencombrement nous confronte à certaines relations importantes que nous entretenons avec nos objets et avec le monde qui nous entoure. Nous découvrons que le désordre représente normalement des schémas de procrastination et de déni, et que si nous voulons nous concentrer sur le désordre, nous devons changer ces schémas. Nous commençons à comprendre le poids que nous accordons aux objets. Nos biens peuvent nous donner un sentiment d'identité. Ils peuvent nous procurer un sentiment de sécurité ou de confort. Ils représentent notre espoir pour l'avenir ou nos souvenirs passés.

Mais en découvrant nos liens avec les objets, nous apprenons aussi à les laisser partir. Cela demande beaucoup de pleine conscience, et la prise de conscience que nous avons le bonheur en nous, et que lâcher les objets est un acte de cette prise de conscience.

L'une des meilleures choses à propos du désencombrement est qu'il vous oblige à poser une grande question :

Qu'est-ce qui est important pour moi ?

Face à une pile de vêtements, une étagère débordant de livres, un bureau encombré, il est impossible d'éliminer le désordre sans répondre à cette question. Pour jeter quoi que ce soit, vous devez prendre en considération ce qui vous semble important et ce qui ne l'est pas. La simplicité consiste à identifier ce qui est essentiel et à se débarrasser du reste.

C'est à ce moment-là que vous vous posez la question de savoir ce à quoi vous tenez le plus. Voici quelques exemples :

- Les personnes aimées
- Service
- Un travail qui a du sens
- Une vie saine

Lorsque vous commencez à prendre conscience de vos valeurs, quelque chose de merveilleux se produit, vous commencez à vivre en accord avec ces priorités.

L'organisation sur le lieu de travail

Avoir un lieu de travail organisé, désencombré et accueillant peut facilement simplifier votre journée, en vous donnant l'espace intérieur et extérieur pour accomplir plus de tâches et vous libérer des distractions génératrices de stress. Si vous avez remis à plus tard la correction du désordre pour une raison quelconque, ou si vous n'avez tout simplement pas l'énergie de faire des choix concernant vos affaires, voici la solution.

Faites-vous une faveur et retirez tous les objets inutiles qui n'ajoutent aucune valeur à votre vie. Ce sont les objets que vous possédez qui limitent les émotions négatives et détruisent votre bien-être émotionnel.

1. Nettoyez un endroit à la fois

La première étape du désencombrement est de nettoyer votre salon. Oui. Nettoyez en profondeur votre espace de vie. Cela peut sembler décourageant et onéreux de désencombrer votre espace de vie, mais voici une astuce simple pour y parvenir.

Plutôt que d'essayer de faire le tour de votre appartement ou de votre maison en une seule fois, choisissez une zone et nettoyez-la. Nettoyez la zone en profondeur et gardez-y quelques objets.

Dans la plupart des cas, lorsque vous essayez de nettoyer une maison entière, vous allez sauter certains endroits ou sections. Mais si vous vous concentrez sur une seule zone à la fois, vous ne devriez pas manquer d'endroits.

Lorsque vous fouillez dans vos affaires, si vous vous dites que vous pourriez avoir besoin d'un certain article à l'avenir et qu'il est resté là sans être touché, jetez-le. Jetez-le.

Soyez sélectif sur ce que vous laissez entrer dans votre vie

Maintenant que vous avez retiré certains éléments de votre vie, il est important de sélectionner ce que vous laissez entrer dans votre vie.

Réfléchissez longuement et sérieusement à la pertinence de l'article dans votre vie de tous les jours. Avec un peu de chance, vous vous rendrez compte que vous n'avez pas besoin de grand-chose pour vivre votre vie et que toutes ces choses superflues nuisent à votre santé.

En étant sélectif sur ce que vous autorisez dans votre vie, vous éviterez d'entrer dans le cercle vicieux de la réorganisation de choses que vous n'utilisez jamais. Brisez le cycle de "l'organisation" et du "désencombrement" dans le seul but de posséder beaucoup de choses en étant sélectif sur ce que vous voulez autoriser à revenir dans votre vie.

Faire le ménage dans votre vie

Le désencombrement ne consiste pas à jeter des choses. Le désencombrement consiste plutôt à créer un environnement qui favorise la productivité, le bonheur et la tranquillité d'esprit dans votre vie. En fin de compte, votre bonheur et votre tranquillité d'esprit sont tout ce qui compte. Un grand désordre peut représenter un manque de contrôle. Et le plus inquiétant est le type de désordre qui peut bloquer les réseaux neuronaux. Cette forme d'encombrement sera plus lente et moins efficace dans le traitement des informations.

En général, le désordre peut avoir des effets négatifs sur votre travail, votre santé, vos performances et peut-être même vos relations.

Techniques pour désencombrer votre vie, éliminer le stress et libérer votre esprit

1. **Établir une liste de contrôle pour le désencombrement**

Le désencombrement est un problème majeur pour de nombreuses personnes, probablement à cause de la peur. Supposons que je jette ce pantalon et que je regrette cette décision, même s'il était inconfortable et que je ne l'aimais pas ? Et si j'avais besoin de régler un problème un jour, mais que j'avais supprimé le manuel ? Vous comprenez ce que je veux dire.

Une façon d'éliminer la peur est de comprendre que le désencombrement de votre vie ne signifie pas vivre une vie sans aucun objet que vous aimez. Vous allez diminuer le nombre d'objets que vous possédez ? Par exemple, voulez-vous avoir une armoire pleine de couvertures ? Vous avez probablement besoin d'une couverture plus légère pour les périodes de chaleur et d'une couverture plus épaisse pour les saisons plus froides.

Pour vous aider à démarrer, établissez une liste de contrôle de désencombrement. Elle peut simplifier le processus et vous fournir une représentation visuelle de ce que vous devez éliminer.

2. Est-ce que cela crée de la joie ?

Si vous connaissez Marie Kondo, alors vous devriez connaître cette astuce. Cependant, pour ceux qui ne la connaissent pas, c'est assez simple.

Chaque fois que vous faites le ménage sur votre lieu de travail ou à la maison, touchez physiquement l'objet que vous êtes en train de décider. Ensuite, posez-vous la question suivante : "Est-ce que cela déclenche de la joie ?" Bon, il n'est pas nécessaire de se poser cette question au sens propre. Mais, il s'agit ici de réfléchir à ce que vous ressentez en tenant l'objet. Par exemple, Kondo ne voulait pas se débarrasser d'un vieux t-shirt en lambeaux qu'elle avait porté lors d'un événement auquel elle avait assisté, car lorsqu'elle le tenait, il lui rappelait de bons souvenirs.

Et si l'objet ne déclenche pas de tels sentiments ? Alors vous devriez vous en séparer.

3. Appliquer une politique de non-gratuité

Nous avons tous déjà été dans cet état. Vous participez à une conférence et vous arrivez avec une tonne de cadeaux gratuits.

Cela peut sembler être une bonne idée au premier abord. Cependant, la vérité est que plus de choses s'ajoutent à votre encombrement - et ce sont des choses dont vous n'avez vraiment pas besoin. Même si cela demande une certaine volonté, vous devriez éviter d'accumuler ces objets gratuits.

4. Ne vous surchargez pas, commencez petit

Soyons honnêtes. Quelle chance avez-vous de pouvoir organiser et nettoyer toute votre maison, votre bureau ou votre vie en une journée ? Ce serait tellement ambitieux que cela vous fatiguerait et vous empêcherait peut-être de vous lancer.

Au lieu de cela, faites de petits pas. Mettez probablement de côté cinq minutes chaque jour pour paver une petite zone comme un tiroir de bureau ou votre voiture. Après avoir créé une certaine dynamique, consacrez plus de temps. Consacrez un après-midi à la remise en ordre de votre bureau.

5. Effectuer un audit de calendrier

Le désordre ne se limite pas aux objets qui occupent un espace physique. Il peut aussi s'agir des entrées que vous avez inscrites dans votre calendrier. En général, une vérification de l'agenda concerne les activités de minute et tout ce que vous faites automatiquement comme vous brosser les dents. D'autres exemples seraient des réunions non pertinentes et des événements récurrents qui ne correspondent plus à votre emploi du temps.

Vérifiez votre calendrier et supprimez ces tâches et événements. Pour aller de l'avant, commencez à dire "oui" à moins de choses et utilisez un assistant de planification. Vous devez également partager votre calendrier avec d'autres personnes pour éviter les doubles réservations et les conflits d'horaires.

6. Se désabonner et supprimer

Essayer de rester à jour avec votre boîte de réception est une perte de temps. C'est une distraction qui affecte votre productivité et grignote votre vie heureuse. Dans cette optique, l'un des moyens les plus simples de gérer votre boîte de réception est de vous désabonner des e-mails que vous ne lisez jamais. La même idée s'applique aux magazines et aux journaux que vous n'avez jamais ouverts.

7. Automatiser

Voici une méthode simple pour vous libérer l'esprit : l'automatisation. Il peut s'agir par exemple de programmer des publications sur les médias sociaux ou de définir des courriels de réponse automatique en dehors du bureau.

8. Créer un événement social

Parfois, il est intéressant de faire des choses amusantes avec d'autres personnes. Et c'est amusant quand il s'agit de désencombrer.

Outre le fait de passer du temps avec votre famille ou vos amis, ils peuvent également vous aider à savoir ce qu'il faut jeter et ce qu'il faut garder. N'oubliez pas de leur rendre la pareille.

9. Essayez la pleine conscience

L'une des meilleures méthodes pour se vider l'esprit et réduire le stress et l'anxiété consiste à essayer la méditation de pleine conscience. La pleine conscience fonctionne parce qu'elle redirige votre attention et vos pensées vers le présent. Vous cesserez d'être accaparé par le futur, le passé et le discours négatif sur vous-même.

10. Simplifiez vos objectifs

Il est important de se fixer des objectifs. Les buts vous orientent sur ce que vous devez faire et vous permettent de suivre vos progrès. Mais les buts ne sont utiles que si vous avez établi un petit nombre de buts et d'objectifs spécifiques.

Révisez vos objectifs pour vous assurer qu'ils ne sont pas trop vastes ou irréalistes. À partir de là, créez un plan sur la façon dont vous allez les atteindre. Notez vos étapes si vous devez le faire.

11. Débarrassez-vous des personnes toxiques de votre vie

Évaluez toutes les personnes qui font partie de votre vie. Et ensuite, éloignez-vous des personnes qui ne valent pas la peine que vous leur consacriez du temps et de l'énergie.

12. Débrancher et se détendre

Votre cerveau mérite du temps pour se recharger et se reposer. Cela vous aidera à être plus productif et moins déprimé.

Prévoyez des pauses constantes tout au long de la journée de travail et évadez-vous momentanément. Le fait de vous détendre l'esprit vous permet de réduire la quantité de médias que vous absorbez. Globalement, vous souhaitez découvrir de nouvelles informations et compétences. Cependant, un grand nombre d'entre elles peuvent bloquer votre cerveau.

Mettez de l'ordre dans vos valeurs clés

Étape 1 : Mettez en évidence vos valeurs fondamentales

Pour comprendre pourquoi certaines choses ne sont pas bonnes, vous devez acquérir une bonne compréhension de ce qui est bon pour vous.

Que voulez-vous être, et comment voulez-vous vivre votre vie ?

Si vous n'avez jamais dressé la liste de vos valeurs, vous vivez une vie sans boussole. Vous laissez les vents et les tempêtes définir où vous devez aller et vous acceptez les résultats sans vous poser de questions. Même si vous les avez définies depuis longtemps, cela ne fait pas de mal de les revoir, car vos valeurs peuvent changer avec le temps.

Une fois que vous avez créé une liste de valeurs correspondant à vos objectifs, réévaluez-les quotidiennement et assurez-vous que les actions que vous entreprenez correspondent aux résultats souhaités. Vous voudrez peut-être vous concentrer d'abord sur vos valeurs personnelles, puis sur vos valeurs professionnelles. Vous pouvez aussi choisir une valeur dans chaque cas et commencer par là.

Quel que soit votre choix, assurez-vous de commencer par le domaine de votre vie où vous sentez qu'il y a une énorme déconnexion. C'est le point où vous ressentez le plus de douleur interne et d'agitation mentale. Révisez votre liste d'actions quotidiennement afin de pouvoir apporter des changements et fixer des limites qui vous empêcheront de vous éloigner à nouveau de vos valeurs.

Même de petits changements peuvent créer un changement massif et positif dans votre attitude. Vous développerez un sens de l'orientation et de l'objectif qui vous semblera authentique, même si vous ne pouvez pas y donner suite immédiatement. C'est un sentiment énorme.

Pourtant, vous aurez des moments de transition et des défis, mais ces pratiques vous offriront des outils pour surmonter tous les obstacles de la vie.

Étape 2 : Définissez les priorités de votre vie

Une fois que vous aurez défini vos valeurs clés, ces valeurs vous aideront à réaliser un exercice qui améliorera votre vie. Définissez les priorités de votre vie afin de pouvoir dépenser votre temps, votre argent et votre énergie.

Sans comprendre nos priorités, nous laissons la pression de la vie guider nos actions et nos décisions. Une offre attrayante se présente, et nous l'achetons. Quelqu'un interrompt notre travail, et nous le laissons faire. Lorsque nous ne connaissons pas le grand "pourquoi" de notre vie, il n'y a pas de limites pour nous aider.

Vous trouverez ci-dessous un exercice qui vous aidera à déterminer où vous dépensez votre argent, votre énergie et votre temps.

- Combien de temps par jour pensez-vous perdre dans des activités non pertinentes et non liées à vos valeurs principales ?
- Comment établissez-vous des liens avec les personnes que vous aimez inconsciemment ?
- Comment prenez-vous vos décisions de vie ?
- Comment utilisez-vous l'argent de manière inconsciente ?
- Quelles obligations, tâches et connexions laissez-vous entrer inconsciemment dans votre vie ?
- Comment négligez-vous d'autres parties essentielles de votre vie pour lesquelles vous avez tendance à ne pas avoir de temps ?

Maintenant que vous avez une idée approximative de la manière dont vous utilisez votre énergie et votre concentration, explorons la bonne manière de hiérarchiser les domaines critiques de votre vie.

Examinons sept sections de votre vie qui vous aideront à déterminer vos priorités et la façon dont vous voulez utiliser votre temps et votre argent.

Si vous souhaitez éliminer l'un de ces domaines, n'hésitez pas à le faire s'il ne vous concerne pas.

Les domaines de votre vie comprennent :

1. Famille
2. Mariage
3. Amélioration personnelle
4. Loisirs
5. Gestion de la vie
6. Carrière
7. Santé et forme physique

Si vous dormez 8 heures par jour, il vous reste 16 heures d'éveil. Maintenant, mettons de côté 2 heures pour les activités d'hygiène personnelle et les repas. Il vous restera alors 14 heures. Sur une semaine, cela se traduit par 98 heures par semaine.

Dans un monde normal, comment pouvez-vous donner la priorité à ces sept secteurs de votre vie ? Combien d'heures par semaine êtes-vous prêt à consacrer à chaque secteur ?

Il est bon de commencer par la priorité qui peut faire la différence la plus positive dans votre vie ou celle où vous ressentez le plus de déséquilibre. Vous trouverez peut-être dans cette section une ou plusieurs de vos valeurs que vous n'honorez pas.

Par exemple, vous avez peut-être une valeur fondamentale associée à la famille et une priorité de vie consistant à passer suffisamment de temps avec votre famille. Commencez modestement en prenant la décision de consacrer une heure supplémentaire par semaine à votre famille.

Bien sûr, cela affectera d'autres tâches, mais vous devez vous assurer que cela concerne les tâches qui ne sont pas une grande priorité.

Continuez à ajouter du temps hebdomadaire à vos priorités de vie jusqu'à ce que vous les ayez réorganisées pour qu'elles correspondent à votre idéal.

Parfois, il peut être difficile de modifier une priorité. Si vous voulez passer plus de temps avec vos enfants et votre femme, cela affectera-t-il votre horaire de travail ? Si oui, de quoi avez-vous besoin pour prendre en charge les retombées éventuelles ?

Si vous souhaitez vous concentrer davantage sur votre santé et votre forme physique, vous devrez développer des habitudes stimulantes pour vous assurer de respecter cette priorité.

Si vous voulez vivre un mariage sain, vous devrez peut-être renoncer à passer du temps devant la télévision ou l'ordinateur, ce qui peut être difficile au début.

Il ne suffit pas de définir vos priorités de vie. Vous devez prendre les mesures difficiles nécessaires pour apporter les changements que vous souhaitez voir dans votre vie. Cependant, plus vous vous rapprocherez de votre véritable objectif, moins vous ressentirez de batailles internes.

Au fil du temps, ces anciennes habitudes, ces anciens comportements et ces anciens choix ne vous manqueront plus. Votre vie s'écoulera plus facilement parce que vous vivez authentiquement, en accord avec vos priorités et vos valeurs.

Étape 3 : Se concentrer sur la fixation des objectifs en pleine conscience

Le fait de fixer des priorités et d'avoir des valeurs a pour conséquence naturelle de réfléchir à la manière dont elles s'appliquent à votre vie future. Si s'inquiéter de l'avenir conduit à un esprit instable, planifier l'avenir est un aspect essentiel et précieux qui peut ouvrir la voie à une véritable satisfaction pour les années à venir.

Est-il possible d'envisager un avenir meilleur tout en restant heureux de sa vie actuelle ? Peut-on être satisfait et changer en même temps ? Nous savons qu'il est possible de se concentrer sur l'avenir tout en apprenant à apprécier le moment présent.

Les réalités de notre vie nous poussent constamment vers l'avenir. Nous sommes anxieux à l'idée de payer les factures, de savoir comment nos enfants vont évoluer et si nous resterons en bonne santé. Et la manière de fixer des objectifs est orientée vers l'avenir.

Désirer et lutter contre ce qui cause la souffrance. Espérer plus, quelque chose de différent, quelque chose de meilleur au détriment du contentement de l'état actuel nous prive de la vie.

Mais n'oubliez pas que le changement viendra, que vous choisissiez de vous concentrer ou non.

Le changement est indispensable, que nous soyons assis ou que nous nous laissions aller à imaginer des résultats futurs. Autant définir notre avenir avec discernement.

Une fois que vous reconnaissez la vérité selon laquelle le contentement et le changement peuvent avoir lieu simultanément, vous diminuez la tension entre le fait de se demander si c'est une proposition ou l'autre. Il y a un moyen de créer un équilibre entre l'auto-création et la pleine conscience.

Vous pouvez considérer le processus de création et de réalisation de vos objectifs comme un lieu de bonheur et de contentement. Au lieu de retenir le bonheur pendant que vous attendez un résultat, profitez de chaque étape du chemin. Chaque petit effort pour atteindre vos objectifs doit être célébré.

Voyons comment créer et atteindre vos objectifs d'une manière qui soutienne le grand "pourquoi" de votre vie.

Lorsque vous vous asseyez pour la première fois pour réfléchir à vos objectifs pour l'avenir, n'oubliez pas d'avoir à portée de main vos principales valeurs et priorités de vie comme points de référence. Tant que vos valeurs et vos priorités restent valables, elles doivent servir de guide pour vos objectifs. Dans le cas contraire, préparez-vous à un avenir fait de regrets et de malheurs.

Étape 4. Définissez des objectifs SMART

Le moyen le plus simple de se concentrer sur ce qui est important dans la vie est de définir des objectifs SMART.

Fixez des objectifs pour chaque trimestre au lieu d'un objectif annuel qui vous fait généralement sortir du moment présent.

Vos objectifs doivent être intelligents, mesurables, réalisables, pertinents et limités dans le temps.

Étape 5 : Reliez vos objectifs à vos passions

La plupart des gens vivent des vies désespérées. Ils se réveillent avec un faible sentiment d'anxiété. Au travail, ils se sentent sous-estimés et sapés. Et lorsqu'ils arrivent chez eux, ils se sentent physiquement et mentalement fatigués, avec juste assez d'énergie pour cuisiner, s'occuper de la famille et passer quelques heures devant la télévision. Puis ils dorment et se réveillent pour faire la même chose.

Bien que cela ne vous décrive peut-être pas exactement, vous pouvez quand même vous identifier. Nous acceptons tous moins que nos rêves. Nous restons dans des emplois qui ne nous motivent pas ou ne nous rendent pas heureux. Tout cela ajoute à notre encombrement mental.

La vie a un moyen de nous ronger, et avant que nous le découvrions, nous sommes déjà loin sur un chemin qui ne ressemble pas à ce que nous voulons pour nos vies. Au moment où nous le découvrons, nous avons des devoirs qui ajoutent encore une autre raison de maintenir le statu quo - même si nous le détestons.

Le fait est que votre santé mentale peut être détruite lorsque vous vous sentez insatisfait de votre travail. Considérez la quantité d'énergie mentale négative que vous avez soumise à un mauvais patron ou à un changement de carrière que vous regrettez. Nous passons beaucoup de temps à travailler. Par conséquent, la décision que vous prenez à propos de votre travail aura la capacité de faire ou de défaire votre bonheur général.

Si vous trouvez un travail que vous aimez, non seulement vous libérerez votre esprit des pensées oppressantes, mais vous vous sentirez également dynamisé dans certains domaines de votre vie.

Alors, que signifie vivre sa passion ?

Elle peut être définie à l'aide de quelques exemples.

- Vous avez une grande confiance en vous et êtes motivé par ce que vous faites parce que c'est le mieux pour vous.
- Vous avez l'impression d'être au meilleur endroit, de faire quelque chose dans votre travail ou dans votre vie qui correspond à ce que vous êtes et à votre façon d'être.

- Votre vie entière est meilleure, et vos relations sont plus heureuses parce que vous êtes plus autonome et plus présent dans votre travail.

- Vous attirez des personnes intéressantes et partageant les mêmes idées dans votre vie et votre travail.

Découvrir votre passion et l'intégrer à votre vie ne se fait pas du jour au lendemain. Ce n'est pas comme vous apprendre à suivre une recette ou à conduire une voiture. Cela implique différentes actions et expériences pour tout comprendre.

Chapitre 5 : Techniques d'analyse de l'inquiétude

Nous nous sentons tous inquiets de temps en temps. Certaines inquiétudes sont infimes, mais d'autres deviennent nos cauchemars les plus sombres. Je suis sûr que personne ne pense que ses inquiétudes sont moindres que celles des autres. Peu importe que vous soyez riche, accompli, beau ou que vous ayez du succès, vous vous inquiétez toujours de choses qui peuvent sembler inutiles aux autres, ou qui ne devraient pas être un sujet d'inquiétude du tout.

Le pire dans le fait de s'inquiéter, c'est que l'on n'atteint jamais son plein potentiel.

Cependant, il y a aussi la meilleure partie des inquiétudes. Les inquiétudes peuvent être des entrées pour nos stratégies. Les inquiétudes peuvent être nos cas limites. Les inquiétudes peuvent être des obstacles à éviter. Les inquiétudes peuvent nous sauver au lieu de nous entraîner dans des champs de mines. Les soucis peuvent nous faire prendre des dispositions pour notre avenir, nous faire économiser de l'argent pour les moments difficiles, nous faire avoir une roue de secours dans le coffre, et nous faire mettre de côté des fonds d'urgence.

Par conséquent, les inquiétudes peuvent nous amener à nous préparer à tous les pires cas.

Par conséquent, ne vous mettez pas trop en colère lorsqu'une tonne de soucis vous assaille. Cependant, décomposez vos inquiétudes et essayez de les analyser. Essayez d'identifier les sources profondes de vos inquiétudes. Assurez-vous que votre inquiétude vaut le temps perdu à y réfléchir. Parfois, nous ne sommes pas conscients de nous inquiéter, mais notre cœur est aussi lourd qu'une couverture mouillée. C'est pourquoi nous devons être vigilants quant aux types d'inquiétudes qui planent au-dessus de nos têtes.

Une fois que vous avez filtré les véritables inquiétudes, vous pouvez commencer à planifier.

Les inquiétudes sont le premier moyen de défense contre les menaces, les choses désagréables et les problèmes possibles. C'est pourquoi ils vous aident à élaborer des stratégies pour surmonter les désastres possibles. Les inquiétudes créent toutes sortes de scénarios catastrophes qui se trouvent dans votre angle mort si vous ignorez vos situations actuelles.

C'est pourquoi les inquiétudes ne doivent être que des aides dans vos plans.

Par conséquent, lorsque vous découvrez que quelque chose commence à vous perturber, prenez une profonde respiration et enfermez cette inquiétude sur votre planche à dessin. Déterminez la source de cette inquiétude, les solutions possibles et, surtout, les pires scénarios. Les personnes les plus pessimistes vivent parfois plus longtemps. Oui, il y aura des cas où vos inquiétudes deviendront réalité, mais gardez à l'esprit qu'il y aura de multiples cas dans votre vie où votre pire cauchemar vous échappera tranquillement, tout cela grâce à vos plans. Nous aimons nous souvenir des mauvaises choses plus que des bonnes. C'est normal, et il n'y a rien de mal à cela. Alors ne vaut-il pas mieux s'attendre au pire et commencer à en réduire l'effet lorsqu'il se produit enfin ?

Donc, à partir de maintenant, chaque fois que vous êtes confronté à une situation où vous devez vous inquiéter de quelque chose, prenez cette chose comme levier pour améliorer vos compétences en matière de résolution de problèmes et votre capacité à voir les pires scénarios.

"Tout ira bien." C'est faux. Certaines choses iront bien, mais pas d'autres. Mais vous devez développer un état d'esprit pour ne pas critiquer et craindre l'une et embrasser et attendre l'autre.

Les êtres humains auraient pu vivre toute leur vie en ayant toujours peur des tigres et des lions qui les arrachent lorsqu'ils sortent de leur grotte. Mais nous utilisons nos inquiétudes pour nous hisser au sommet de la chaîne alimentaire en planifiant et en innovant. Nous ne devrions jamais cesser de nous inquiéter et profiter de ces inquiétudes pour développer des innovations et acquérir des compétences en matière de résolution de problèmes. Ce n'est qu'à cette condition que nous parviendrons à survivre et à vivre dans cet univers.

4 questions pour vous aider à analyser vos inquiétudes

1. Quel est le problème ?

Cette question tente de vous aider à déterminer quel problème est à l'origine de votre anxiété et de votre inquiétude. Parfois, nous nous inquiétons de choses invisibles, notamment lorsque nos pensées se mettent à imaginer des incertitudes futures où nous ne savons pas ce que l'avenir nous réserve.

2. Quelle est la cause profonde du problème ?

Il est nécessaire de mettre en évidence la cause du problème ; par exemple, les causes peuvent inclure des décisions non éduquées, de mauvaises habitudes, ou même des conseils erronés pris auprès de personnes analphabètes.

3. Quelles sont les réponses possibles ?

Le fait d'énumérer toutes les réponses possibles vous permettra de sortir des sentiers battus et de vous assurer que vous utilisez efficacement vos ressources pour résoudre le problème. Cela vous fera également réfléchir et devenir créatif, et plus vous pourrez énumérer de solutions possibles, moins vous serez inquiet.

4. **Quelle est la meilleure réponse ?**

Vous identifierez facilement la meilleure réponse pour vous, car vous êtes naturellement enclin à consacrer vos ressources et vos efforts à la résolution du problème au moindre coût.

Techniques pour faire face à l'inquiétude

Changez votre façon de penser

Le dialogue avec soi-même, ça arrive. Nous l'avons tous. Par conséquent, si vous avez des pensées qui se bousculent dans votre tête, autant les transformer en positif plutôt qu'en négatif. La prochaine étape consiste donc à changer votre façon de penser pour vous débarrasser des pensées négatives.

Alors, comment remplacer des croyances irrationnelles et débilitantes par des croyances plus réalistes et plus fortes ? Si le discours négatif sur soi avait un interrupteur, vous pourriez l'actionner. Mais ce n'est pas le cas. Il faut des techniques efficaces, de la pratique et des efforts pour combattre les pensées négatives et les remplacer par des pensées plus utiles. Mais vous pouvez y parvenir, et l'effort en vaut la peine.

Surmonter le dialogue avec soi-même

Pour remettre en question votre discours personnel, vous devez contester les éléments négatifs et inutiles. Ce faisant, vous êtes en mesure de comprendre si votre point de vue est raisonnable et, dans le cas contraire, d'identifier un mode de pensée plus utile. Vous pouvez alors réagir aux événements de manière utile.

Il y a trois grandes questions difficiles que vous pouvez vous poser.

1. Des questions concernant la réalité de vos pensées. Dans quelle mesure ce que vous pensez pouvoir se produire est réel et vrai au lieu d'être de l'imagination.
2. Questions concernant la perspective. Dans quelle mesure ce que vous pensez et croyez est lié et mesuré par rapport à d'autres possibilités, en tenant compte de tout le reste.
3. Questions concernant les explications alternatives. Autres méthodes d'interprétation et d'explication des choses.

Questions sur la réalité

- Quelles sont les preuves de ce que je crois qui va arriver ?
- En quoi est-ce utile pour moi de penser comme ça ?

- Quelles sont les preuves qui vont à l'encontre de ce que je pense ?

Questions sur la perspective

- Quelle est la meilleure chose qui puisse arriver ?
- Qu'est-ce qui est le plus susceptible de se produire ?
- Quelle est la pire chose qui puisse arriver ?
- Y a-t-il quelque chose de bon dans cette situation ?

Questions concernant les explications alternatives

- Si la situation était inversée, quelles sont les choses positives que je peux dire à un ami si c'est lui qui pense négativement à cette situation ?
- Que penserait un ami plus positif de tout ça ?

Distorsions utilisant le dialogue positif avec soi-même

Lorsque vous vous sentez inquiet, il n'est pas facile de rester positif. Mais vous pouvez remplacer les pensées négatives par des pensées positives.

Imaginez un moment où quelque chose ne s'est pas déroulé comme vous l'aviez prévu : un travail, des vacances, une amitié ou un projet. Quelles ont été vos pensées ? Notez-les. Si elles étaient négatives, quelles autres pensées, plus positives, auraient pu les remplacer ?

Faites de la pensée positive quelque chose qui vous semble crédible. Sinon, votre esprit ne la reconnaîtra pas comme une possibilité réelle.

Il est essentiel de comprendre que ni la pensée négative ni la pensée positive ne sont plus vraies ou réelles l'une que l'autre. Les deux modes de pensée peuvent être vrais ou réels. Cependant, ce qui rend un moyen de pensée plus réel est celui que vous décidez vous-même.

Contrôlez votre cerveau

Tout et n'importe quoi peut être décrit de manière positive ou négative. Le secret est de choisir l'explication la plus positive et de s'en souvenir. Ensuite, considérez les raisons raisonnables pour lesquelles l'explication positive pourrait être rationnelle, logique et vraie.

Et si, par exemple, vous étiez une personne de type impatient. Le style négatif pour considérer l'impatience est de la voir comme une incapacité à accepter ou à attendre le délai. De faire pression pour que les choses se passent rapidement. Mais il est également vrai que si vous êtes impatient, alors vous faites avancer les choses, et vous faites en sorte que les choses arrivent et soient faites.

En changeant votre façon de penser, vous pouvez déterminer de manière positive la façon dont vous réagissez aux situations. C'est le fondement de la thérapie cognitivo-comportementale.

La TCC repose sur l'idée que la façon dont vous pensez aux situations peut avoir un impact sur la façon dont vous vous sentez et vous comportez. Si vous interprétez une situation d'une manière spécifique, vous réagirez en conséquence.

La TCC permet d'identifier et de remettre en question les schémas et les comportements négatifs qui peuvent être à l'origine de difficultés. Cela peut ensuite réguler la façon dont vous ressentez les situations et vous permettre de modifier votre comportement à l'avenir.

Transformer le discours positif sur soi en une habitude

Il est important que vous puissiez répertorier vos pensées les plus positives, surtout lorsque vous commencez à remplacer les pensées négatives par des pensées positives. Notez les pensées positives pour ancrer les idées dans votre esprit.

Vous pouvez toujours créer une liste de réponses utiles et positives pour les choses que vous savez que vous vous dites toujours. Vous pouvez écrire vos réponses positives sur de petites cartes d'adaptation, ou vous les envoyer par SMS afin de pouvoir les examiner quand vous en avez besoin.

Vous devez décider de la façon de penser. C'est un choix. Vous seul pouvez faire ce choix. Personne ne peut vous forcer à penser de manière plus positive.

Lorsque vous prenez conscience d'une pensée négative, acceptez-la, mais ne soyez pas frustré de penser ainsi. Au contraire, pensez à une réponse plus positive. Une meilleure façon de voir les choses et dirigez votre attention vers celle-ci.

Dirigez vos pensées vers les choses qui sont bonnes et positives. Permettez-vous de penser à ce qui pourrait arriver de mieux.

Créez vos pensées avec des mots et un langage positifs

De simples changements dans les mots que vous utilisez peuvent faire une énorme différence dans votre discours personnel.

Au lieu de dire : "Je n'y serai pas avant une heure", vous pouvez dire : "J'y serai dans une heure".

Apprenez à utiliser "et" au lieu de "mais" dans vos déclarations.

Un autre mot que vous pouvez vous entraîner à dire est "pourrait" au lieu de "devrait". Utiliser le mot "pourrait" au lieu de "devrait" implique que vous avez le choix de faire ou de ne pas faire quelque chose. Ce changement dans les mots que vous utilisez est une méthode plus douce et plus souple.

Embrasser l'incertitude

Les personnes qui pensent mériter la certitude et la prévisibilité utilisent toujours l'inquiétude pour obtenir un certain sentiment de contrôle sur l'avenir. Ceux qui appartiennent à la catégorie suivante doivent reconnaître que l'incertitude fait partie de la vie et qu'aucun niveau d'inquiétude ne leur assurera le résultat qu'ils souhaitent.

Voici comment faire face à l'incertitude

- Comprenez que l'incertitude est neutre. Quelque chose de mal peut arriver dans le futur, ou quelque chose de bien peut arriver. Il se peut que vous ne receviez pas ce que vous voulez, ou que vous obteniez quelque chose d'encore mieux. L'incertitude n'est pas nécessairement mauvaise. Plutôt que de vous dire que l'incertitude de l'avenir vous inquiète, rappelez-vous que vous ressentez une attente prudente et de l'intérêt.

- Apprenez à gérer l'inconfort. Comprenez votre malaise, puis restez assis avec lui.

- Concentrez-vous sur les choses que vous pouvez réguler. Plutôt que d'attendre avec désespoir les choses que vous ne pouvez pas contrôler, mettez l'accent sur les choses que vous pouvez contrôler, apprécier et profiter.

- Vivez dans le présent. Si vous vous concentrez sur le présent plutôt que sur l'avenir, l'incertitude de l'avenir risque moins de vous affecter.

Développer une session de résolution de problèmes

Si vous découvrez que l'inquiétude que vous éprouvez est réelle et qu'il ne s'agit pas d'un simple bruit, vous devez alors effectuer une séance de résolution de problèmes. Pendant l'exercice de résolution de problèmes. Faites ce qui suit :

- **Envisagez des moyens de résoudre le problème.** Si vous développez un moyen de résoudre complètement le problème, tant mieux ! Notez-le. Sinon, trouvez des idées pour le prochain problème que vous rencontrez, de la manière la plus claire possible. Une fois que vous avez déterminé ce qui vous préoccupe, notez-le.

- **Déterminez ce qui vous fait peur.** Plutôt que d'éprouver une inquiétude généralisée, vous voulez mettre en évidence ce qui vous préoccupe exactement.

- **Agissez.**

Chapitre 6 : La relaxation

Quelqu'un vous a-t-il déjà dit de vous "détendre" ? Bien sûr, se détendre serait parfait - c'est la raison pour laquelle nous venons chercher de l'aide en premier lieu. Mais quiconque a connu la panique ou l'anxiété sait que se "détendre" est beaucoup plus facile à dire qu'à faire.

Un ensemble de compétences utilisé pour compléter les autres compétences de la TCC, comme les compétences cognitives et l'exposition, est celui de la relaxation. Les techniques de relaxation traitent l'anxiété du point de vue du corps en réduisant la tension musculaire, en diminuant la respiration et en calmant l'esprit. Les techniques de relaxation peuvent être structurées. La méditation, la respiration diaphragmatique lente et le yoga en sont des exemples. D'autres facteurs, comme le fait de prendre soin de soi et de pratiquer des activités intéressantes, sont également importants pour se sentir plus détendu. Dans ce chapitre, nous allons examiner certaines techniques, montrer comment elles sont utilisées et pourquoi elles fonctionnent.

Il convient également de noter que les techniques de relaxation sont les mieux utilisées avec d'autres techniques de TCC et qu'elles sont plus efficaces lorsqu'elles sont appliquées de manière cohérente. Différentes compétences fonctionnent pour différentes personnes, la première chose à faire est donc d'essayer d'identifier les stratégies de relaxation qui vous plaisent et de les essayer. Bonne lecture !

Exercices de relaxation

Problème : Symptômes d'anxiété somatique

La plupart des personnes qui souffrent d'anxiété déclarent également éprouver des sensations physiques désagréables. Dans le langage médical, le mot pour physique est somatique. Nous connaissons certains des symptômes somatiques les plus courants de l'anxiété : mal de dos, tension musculaire, mâchoire serrée, agitation et difficulté de concentration. Vous vous souvenez peut-être que ces symptômes sont un effet secondaire des tentatives de notre corps pour nous protéger. Le sang circule dans notre corps et notre cerveau, dans nos gros muscles comme le dos, le cou, les jambes et les bras pour nous préparer à "combattre" ou à "fuir". Cela modifie les sensations du corps. En d'autres termes, le corps s'efforce de nous protéger, et ces sentiments sont inconfortables. La relaxation a lieu lorsque le corps cesse d'essayer de nous protéger, ce qui nous permet de nous sentir calme et à l'aise.

Lorsque l'on connaît des niveaux d'anxiété légers à modérés de façon régulière pendant de longues périodes, on s'habitue à cet état de nervosité jusqu'à ce qu'il soit difficile de découvrir ce que c'est que d'être détendu. Dans ce cas, nous pouvons conclure que la tension et l'anxiété d'une personne sont au repos ou à un niveau élevé. L'objectif de ces formes d'exercices de relaxation est de faire passer le niveau de base à un niveau inférieur.

Techniques de relaxation

Les techniques de relaxation ne sont qu'un ensemble de compétences appliquées dans le cadre de la TCC. Nous aimerions tous passer plus de temps à nous sentir détendus. Cependant, les techniques de relaxation ne sont pas toujours les compétences parfaites pour soulager notre anxiété ou notre inquiétude à long terme. L'une des compétences essentielles de la TCC consiste à comprendre quand appliquer certaines stratégies. Nous voulons donc savoir quand les techniques de relaxation nous conviennent ou non.

Les techniques de relaxation doivent être utilisées pour soutenir l'exposition et les compétences cognitives, mais pas pour s'y substituer. Parfois, les techniques de relaxation peuvent aggraver l'anxiété à long terme. Cela s'explique par le fait que les techniques de relaxation sont utilisées comme un moyen d'éliminer l'anxiété lorsque nous sommes dans des situations stressantes. Essayer d'éliminer quelque chose amène notre cerveau à le considérer comme "mauvais". Nous entraînons donc notre cerveau à déclencher l'"alarme" de l'anxiété encore plus fort lorsque l'inquiétude se présente. À long terme, cela aggrave l'anxiété. À court terme, il y a des endroits et des moments où il est possible d'utiliser des techniques de relaxation.

Quand appliquer les techniques de relaxation

- Comme une pratique régulière, comme pour abaisser la tension, l'exercice, et se sentir plus calme dans notre corps.

- Pendant les périodes de détresse, pour éviter d'éviter quelque chose qui est important pour nos objectifs de vie.

Pourquoi ? C'est un exercice d'affirmation de soi. Pratiquer cet exercice ne guérira pas votre inquiétude, mais il vous aidera à éviter la situation.

Lorsque vous êtes inquiet, le cerveau apprend que ce n'est pas si dangereux, ce qui, à son tour, réduit l'anxiété à long terme.

Quand ne pas appliquer les techniques de relaxation

- Pendant les périodes de détresse grave, comme moyen d'atténuer l'anxiété.
- Comme substitut à d'autres types de TCC comme l'exposition et la restructuration cognitive.

Pourquoi ? Il est surprotecteur. Cette anxiété est insupportable.

Comment dois-je me détendre ? Qu'est-ce qui va marcher pour moi ?

Chaque personne est unique. Certaines techniques de relaxation fonctionnent bien pour certaines personnes, et d'autres pour d'autres. Il est possible qu'il existe des méthodes que vous utilisez déjà pour vous détendre. Pensez aux pratiques, activités ou exercices que vous appliquez régulièrement pour vous détendre et dressez-en la liste.

Points à emporter

Les techniques de relaxation peuvent être utiles pour réduire les niveaux généraux d'anxiété et de tension au fil du temps. Elles ne sont pas un "médicament" contre l'anxiété. Elles sont parfaitement utilisées avec d'autres techniques de TCC, comme la restructuration cognitive et l'exposition, et pratiquées quotidiennement.

De même, ils ne doivent pas être utilisés pour se débarrasser des symptômes de panique ou de serveur d'inquiétude. Pour chaque individu, il existe un ensemble unique d'activités et de compétences qui lui permettent de se détendre. La meilleure technique consiste à identifier celles qui fonctionnent pour nous et à les utiliser.

Respirez

Quelqu'un vous a peut-être dit par le passé de "prendre plusieurs respirations profondes" lorsque vous vous sentiez inquiet ou anxieux à propos de quelque chose. D'un côté, c'est important pour ralentir et se calmer. Mais, en changeant la vitesse de notre respiration, nous pouvons en fait interférer légèrement avec la réponse de notre corps à l'anxiété. La respiration diaphragmatique lente est une technique puissante qui consiste à ralentir la respiration pour communiquer la "sécurité" au cerveau.

Bien que nous ne recommandions pas d'adopter des techniques de respiration pour tenter de soulager l'anxiété lorsque vous êtes inquiet, cela peut être un moyen de surmonter une situation difficile et de calmer le corps afin de pouvoir prendre une bonne décision sur la marche à suivre.

La pleine conscience pour la relaxation et le contrôle de l'anxiété

1. Trouvez un endroit calme, asseyez-vous ou allongez-vous et détendez votre corps. Commencez par une respiration lente et diaphragmatique. Concentrez-vous sur votre souffle, qui entre et sort par vos narines.

2. Pendant que vous respirez, concentrez-vous sur l'habitude de l'esprit à vagabonder. Plutôt que de vous concentrer sur la respiration, voyez ce que fait votre esprit. Il peut s'inquiéter ou penser à ce que vous prévoyez de faire plus tard dans la journée. Vous pouvez ressentir des sensations dans votre corps, comme des démangeaisons ou des douleurs. Vous pouvez sentir ou entendre des choses. Prenez

conscience de tout ce qui se passe et revenez lentement à votre respiration.

3. Laissez l'esprit vagabonder comme il le souhaite. Évitez l'habitude d'essayer de vous concentrer sur quelque chose. Laissez simplement votre esprit vagabonder et ramenez vous finalement à votre respiration. Découvrez la tendance de votre expérience à changer. Imaginez que chaque sensation, pensée et émotion est comme un nuage flottant dans le ciel.

4. Continuez à vous entraîner pendant environ 10 minutes. En fonction de votre emploi du temps, vous pouvez ajouter des minutes supplémentaires à votre pratique si vous le souhaitez. Essayez de vous entraîner une ou deux fois par jour.

5. Sachez qu'il n'existe pas de méthode parfaite pour y parvenir, si ce n'est de vous concentrer sur tout ce qui vous vient à l'esprit. Il est difficile d'échouer dans l'exercice de la pleine conscience - laissez simplement votre esprit vagabonder.

Que faire si vous ne pouvez pas contrôler votre esprit

Dans l'exercice précédent, nous vous avons dit de "laisser votre esprit vagabonder". Cela peut sembler être le contraire de ce que l'on vous a appris à faire lorsque vous essayez de méditer ou d'accomplir une tâche. Nous nous plongeons dans quelque chose en espérant avoir le "contrôle" de notre esprit.

Des études nous ont appris que nous ne pouvons pas "contrôler" notre esprit, quels que soient les efforts que nous déployons, en particulier lorsque nous nous sentons inquiets. Pourquoi cela est-il vrai ?

La réponse est peut-être que lorsque nous sommes inquiets, notre centre d'anxiété envoie sans cesse son "alarme d'anxiété". Il y parvient notamment en essayant de nous signaler la possibilité que quelque chose soit dangereux, que ce soit dans l'environnement ou dans notre corps. Par conséquent, si nous nous concentrons trop sur une chose, il y a une possibilité d'être blessé par quelque chose d'autre. Par conséquent, l'esprit tente de nous distraire, ce qui rend impossible le contrôle de l'esprit. En fait, vous pouvez vous rendre compte que plus vous essayez de le contrôler, plus l'esprit essaie de vous distraire.

Avez-vous du mal à devenir "conscient" ?

Imaginez que votre esprit est comme un écran de cinéma. Vous vous reposez dans la salle de cinéma, regardant ce qui est projeté sur l'écran, mais vous n'en avez pas le contrôle. Vous regardez simplement et suivez ce que vous voyez.

Essayez de fermer les yeux et de voir le type d'images, de souvenirs ou de pensées projetés sur cet écran. Ils peuvent être liés ou non - tout ce qui est montré est bon à prendre. Si vous commencez à vous sentir lié au contenu du film, remarquez simplement ce lien, puis laissez le film passer à autre chose.

Pourquoi devrais-je pratiquer la pleine conscience ?

Les approches de pleine conscience constituent une partie essentielle de la TCC pour les raisons suivantes :

Tenter de contrôler l'esprit est un effort infructueux. En fait, essayer de contrôler l'esprit nous fait toujours nous sentir plus mal parce que nous ne réussissons pas. La première chose à faire dans toute intervention de TCC est de cesser d'essayer de contrôler l'esprit en utilisant la force.

La pleine conscience nous permet de nous entraîner à observer l'anxiété et les autres émotions, mais sans y réagir. Nous apprenons à tolérer ces émotions au lieu de tenter de les oublier.

La pleine conscience permet de réentraîner le cerveau en ne répondant pas à l'anxiété et en n'essayant pas de la corriger. Nous envoyons un signal à l'amygdale lui indiquant qu'elle n'est pas critique. C'est une façon de gérer la peur de la peur.

Lorsque l'on s'arrête et que l'on prête attention à l'état actuel, on écoute l'"alarme" de notre anxiété. Si vous lui donnez du temps et évitez d'alimenter l'inquiétude, le corps peut finalement apprendre qu'il n'a plus besoin de cette alarme, et il peut donc l'éteindre.

Points à retenir sur la pleine conscience

La pleine conscience est une technique de relaxation qui peut être utile pour calmer l'esprit en diminuant notre habitude d'essayer de le contrôler, ce qui aggrave normalement l'anxiété. Les stratégies de pleine conscience se concentrent sur les informations et les faits objectifs concernant les expériences actuelles, notamment les pensées, les sensations et les émotions. Notre rôle est de déterminer ces expériences sans jugement ni essai pour les changer. Nous nous contentons de les observer comme les nuages dans le ciel. Les techniques de pleine conscience ne sont pas susceptibles de traiter l'anxiété à elles seules, mais elles peuvent être utiles si elles sont utilisées conjointement avec d'autres compétences de la TCC.

Relaxation musculaire progressive

Une façon de comprendre la relaxation est de dire que c'est l'absence de tension dans les muscles du corps. Supposons que vous puissiez relâcher la tension de votre corps instantanément sans prendre un verre.

L'objectif de la relaxation musculaire progressive est d'apprendre lentement à relâcher la tension dans les muscles par des exercices quotidiens. Cela envoie un message de sécurité et de calme à notre corps, diminuant le besoin du corps de déclencher la réponse "combat ou fuite".

Exercice

Pour tester ce qui suit, contractez les muscles des bras en fléchissant vos biceps. Fléchissez vos biceps suffisamment fort pour ressentir une tension profonde pendant 5 à 7 secondes.

Maintenant, relâchez-la, laissez tomber votre bras sur le côté. Sentez la différence entre la tension que vous venez de ressentir et la relaxation qui envahit votre bras maintenant. Vous pouvez sentir le sang affluer dans votre bras et ressentir une sensation de chaleur. La relaxation musculaire progressive concerne tous les muscles du corps.

Pour obtenir une dose complète de relaxation musculaire progressive, essayez la "relaxation musculaire progressive" sur le site du programme des troubles anxieux. Elle dure 16 minutes. Elle vous permettra de détendre le corps, un groupe de muscles à la fois. Il est important de le pratiquer pendant deux semaines, une ou deux fois par jour. Certaines personnes se rendent compte qu'il est important de le faire le matin au réveil, ou avant de se coucher le soir.

Une fois que vous aurez essayé, vous pourrez choisir si vous voulez continuer avec la relaxation appliquée.

Point à noter

La relaxation musculaire progressive est un ensemble d'exercices destinés à réduire l'anxiété et les tensions dans le corps. En pratiquant la contraction et la relaxation de groupes de muscles, nous apprenons à faire la différence entre tension et relaxation et à relâcher la tension musculaire lorsque nous la ressentons. Cette méthode fonctionne parfaitement si elle est pratiquée régulièrement. Comme toute compétence, la relaxation demande du temps et de la pratique pour être maîtrisée.

Relaxation appliquée

Il s'agit d'un programme qui vous permettra de vous détendre rapidement, même dans des situations déprimantes. Il s'agit d'un ensemble de compétences qui nécessite du temps pour mûrir.

Découvrez les techniques de relaxation qui vous conviennent

Disons que vous êtes dans un supermarché en train d'acheter des céréales pour le petit-déjeuner. Il y a tellement de choix. Certaines personnes aiment les céréales sucrées et d'autres veulent quelque chose avec des fruits. Vous pouvez choisir un produit que vous avez déjà apprécié ou essayer quelque chose de nouveau parce qu'il semble savoureux.

En matière de techniques de relaxation, il existe de nombreuses options. Il est important de trouver celles qui fonctionnent pour vous. Ainsi, il existe trois catégories de relaxation : la pleine conscience, la relaxation musculaire progressive et la respiration.

Voici plusieurs techniques de relaxation formelles qui ont été utilisées avec succès par d'autres personnes. Vous pourriez en essayer quelques-unes et les inclure dans votre liste.

Exercices d'apaisement

- Sons : musique d'ambiance, musique répétitive, sons de la nature ou vagues de l'océan.
- Des vues. Feuilles mortes, plages, visualisation.
- Nature : parcs, randonnées, natation

Techniques de relaxation basées sur l'esprit

- Prière
- Scanner du corps
- Méditation

Stratégies de relaxation basées sur le corps

- Massage
- Yoga
- Bains chauds, ou baignoires chaudes

Le saviez-vous ?

Le yoga est une discipline historique formelle qui implique un mélange puissant d'éléments mentaux et physiques : étirements, respiration, méditation et exercices de renforcement visant à améliorer le bien-être physique et mental. Il implique différents exercices de remise en question des positions du corps qui renforcent les muscles. La meilleure façon de l'apprendre est de suivre un cours formel avec un instructeur de yoga professionnel. Il présente de nombreux avantages, tant mentaux que physiques.

Vous allez découvrir des techniques structurées de relaxation qui ont été utilisées avec succès par d'autres personnes au fil des ans. Mais certaines des activités les plus relaxantes sont celles que nous apprécions ou qui nous font du bien parce que nous y excellons et que nous pouvons être créatifs. Dans la prochaine section, nous examinerons la maîtrise et le plaisir, deux facteurs essentiels pour vivre une vie relaxante et joyeuse.

Plaisir et maîtrise

Si quelqu'un s'approchait de vous et vous demandait : "Que faites-vous pour vous détendre ?" Vous répondrez probablement quelque chose comme : "J'aime sortir avec des amis", "Je regarde Netflix" ou "Je joue au golf". Bien que ce ne soient pas des techniques de relaxation formelles, elles génèrent du plaisir ou nous font nous sentir bien dans notre peau. Il est certain que nous nous sentons un peu plus détendus lorsque c'est le cas. Ce sont des choses que l'anxiété tente de nous arracher, ce qui est une raison de plus pour passer du temps à les faire.

À des fins d'exploration, nous énumérons deux générateurs cruciaux de bons sentiments : la maîtrise et le plaisir. Le plaisir implique des activités telles que le "jeu" que nous aimons pour le plaisir de l'activité elle-même. La maîtrise concerne des activités telles que le sport, qui nécessitent le développement de compétences. Nous pouvons accomplir des choses et acquérir un sentiment de maîtrise sur notre environnement. Utilisées avec modération et combinées à d'autres activités, elles peuvent renforcer les émotions positives et améliorer la perception que nous avons de nous-mêmes.

Prendre soin de soi : Une arme vitale dans la lutte contre l'anxiété

Combattre l'inquiétude requiert une technique à multiples facettes. Il est important d'unir ses forces pour empêcher l'anxiété de détourner notre vision de la vie. La TCC nous fournit quelques munitions pour mener cette bataille, mais d'autres facteurs liés au mode de vie sont essentiels. Nous examinons ci-dessous certains de ces facteurs. Pensez-y lorsque vous déterminez vos obstacles à l'anxiété.

- **Des capacités d'adaptation modérées et équilibrées**

Traiter l'anxiété sous différents angles en se confrontant à la résolution de problèmes, à la peur et en reconnaissant ce qui ne peut être modifié lorsque cela est nécessaire. Prendre soin du corps et de l'esprit, se concentrer sur les éléments essentiels de l'auto-soin. Gardez à l'esprit que la "diversité" est la règle principale lorsqu'il s'agit de relever des défis. Plus nous avons de compétences et de méthodes d'adaptation, plus nous pouvons être flexibles lorsque des défis se présentent.

- **Régime alimentaire**

La consommation d'une alimentation équilibrée vous permet de préserver votre santé, vous donne de l'énergie et contribue à votre bonne humeur. N'oubliez pas la qualité des aliments que vous consommez et la quantité que vous mangez. Manger beaucoup ou trop peu peut avoir des répercussions sur la façon dont vous vous sentez au quotidien.

- **Ne prenez pas de drogues psychotropes**

Sachez que toutes les drogues modifient l'état d'esprit - la caféine, la nicotine et d'autres drogues illicites peuvent activer l'anxiété à court et à long terme.

- **Affronter le conflit**

Ne laissez pas les conflits interpersonnels vous déprimer, adoptez des compétences d'affirmation de soi et abordez les conflits de manière proactive et diplomatique.

- **Exercice**

Il a été prouvé que l'exercice régulier est aussi efficace que les antidépresseurs pour lutter contre la dépression et renforce notre résistance à l'anxiété débilitante. Essayez de faire un minimum de 20 minutes d'exercice cardiovasculaire intensif au moins trois fois par semaine. Bien entendu, veillez à demander à votre médecin si vous êtes en assez bonne santé pour pratiquer un exercice intensif.

- **Dormir**

Les recherches indiquent que la plupart des gens ont besoin d'une moyenne de 7 heures de sommeil par nuit. Dormir suffisamment est un aspect essentiel de la maîtrise de l'anxiété.

Demandez à votre médecin ou à votre thérapeute de vous orienter vers un spécialiste du sommeil.

- **Gestion du temps**

Fixez des objectifs réalistes concernant ce qui peut être accompli dans un laps de temps donné. Ne faites pas de multitâches excessives. Planifiez votre journée en laissant suffisamment de temps pour dormir, faire de l'exercice et profiter d'une activité de loisirs. Si vous avez des difficultés à gérer votre temps, discutez-en avec un coach de vie.

- **Soutien social**

Lorsque vous bénéficiez du soutien de vos amis, vous vous sentez plus heureux, en sécurité et en sûreté. Une approche pour traiter l'anxiété consiste à réduire les symptômes. Une autre approche essentielle pour traiter l'anxiété consiste à réduire les symptômes. Une autre méthode consiste à multiplier les expériences positives, notamment avec des personnes qui nous permettent de nous sentir bien dans notre peau.

En bref, les techniques de relaxation combattent les inquiétudes du point de vue du corps. Elles ne sont qu'un ensemble d'exercices utilisés dans la TCC.

Les techniques de relaxation ne sont pas, en fin de compte, les meilleures pour réduire les symptômes d'anxiété sévère tels que la panique lorsque ces symptômes se présentent. Cependant, elles sont utilisées conjointement avec d'autres compétences cognitives et comportementales.

Il existe de nombreuses techniques de relaxation formelles, et chaque personne peut trouver quelque chose de différent qui fonctionne pour elle. Le plus important est d'identifier les techniques qui fonctionnent pour vous et de les pratiquer quotidiennement.

Certaines des activités les plus relaxantes impliquent des choses que nous aimons ou pour lesquelles nous sommes doués. La maîtrise et le plaisir sonnent bien. Par conséquent, le fait de pratiquer davantage ces choses ne peut qu'aider. L'anxiété fait généralement obstacle à certaines de ces activités, mais le fait de se tenir à l'écart des activités agréables risque d'aggraver la situation. Il est essentiel d'intégrer régulièrement certaines de ces activités dans notre vie quotidienne.

Jusqu'à présent, vous avez appris la plupart des techniques utilisées dans la TCC. Votre objectif est donc de les mettre en pratique et d'en apprécier les résultats.

Chapitre 7 : Gérer les réunions et les relations sans anxiété et sans stress émotionnel

Vous venez de conduire votre voiture jusqu'au parking. Vous êtes sur le point de sortir, et quelque chose vous dit de vérifier votre horloge. Vous réalisez que vous avez environ 10 minutes à perdre.

Vous découvrez que vous pouvez aussi profiter de ce temps pour vous préparer mentalement. Vous vous asseyez donc tranquillement, vous fermez les yeux et vous commencez à vous dire .

"Je vais y arriver... Je vais y arriver... Je vais y arriver."

Mais à nouveau, une certaine pensée s'insinue dans votre esprit...

"...et si je n'y arrive pas ?"

Et juste comme ça, tout commence à aller mal.

Votre cœur commence à battre rapidement.

Vous ressentez une sensation bizarre dans votre estomac.

Votre souffle se raccourcit.

Et soudain, votre esprit se met à courir à un million d'heures et à imaginer de multiples hypothèses :

"Et s'ils ne m'aiment pas ? Et s'ils me crient dessus ? Et si je dis quelque chose de stupide ? Et s'ils me posent une question et que je ne connais pas la réponse ? Et s'ils ne viennent pas ? Attendez... ai-je bien vérifié l'e-mail ? Et si ce n'était pas le lieu de l'événement ?

Vous regardez votre montre...

Vous réalisez que vous allez bientôt être en retard.

Qu'il s'agisse d'une réunion ou d'un premier rendez-vous, rencontrer des gens pour la première fois peut être une expérience angoissante.

Si vous êtes si nerveux avant de rencontrer quelqu'un pour la première fois, c'est parce que vous voulez faire une bonne impression dès la première fois. Après tout, nous savons tous à quel point la première impression est cruciale. La première impression peut soit vous briser, soit vous faire.

Et dans la plupart des cas, plus vous faites d'efforts pour donner une bonne première impression, plus vous risquez de gâcher cette première impression.

Tu vas commencer à dire des choses ridicules que tu n'as jamais dites.

Ou, votre esprit devient complètement vide, et vous restez silencieux.

Tout cela augmente votre nervosité et vous rend timide.

Eh bien, si cela vous arrive souvent, voici des conseils pour vous aider.

1. Détacher votre valeur du résultat de la réunion

Oui, vous pourriez vouloir obtenir ce poste. Vous êtes en train de vous faire griller. Ou vous pouvez vouloir gagner le coeur de cette fille avec qui vous avez un premier rendez-vous. Mais vous n'en avez pas besoin.

Vous vous en sortirez quand même, même si ça ne se passe pas comme vous l'aviez prévu.

Et ressentir cela est juste une décision que vous prenez. C'est votre choix de le croire ou non.

Imaginez ceci. Il y a plus de 7 milliards de personnes dans le monde. La personne que vous allez rencontrer n'a aucune importance. Allez de l'avant et faites de votre mieux pour vous préparer et mettre votre meilleur atout en avant, mais n'oubliez jamais que, quoi qu'il arrive, tout ira bien.

En plus de soulager votre pression, cela vous rendra plus attirant. Les gens savent immédiatement qu'une personne est dans le besoin, et cela les rebute.

2. **Faites des recherches suffisantes sur la personne avant de la rencontrer.**

Si vous connaissez à l'avance la personne que vous allez rencontrer, profitez-en pour faire quelques recherches sur elle. Vous pouvez apprendre beaucoup de choses sur une personne en effectuant une simple recherche sur Google.

Allez sur Facebook, LinkedIn, et découvrez le type de messages qu'ils partagent. Consultez leur site Web personnel, s'ils en ont un.

Lorsque vous parcourez leurs profils, prenez des notes et notez les sujets ou questions intéressants dont vous aimeriez discuter avec eux.

Conservez cette liste et utilisez-la comme plan de secours. Si la conversation s'arrête, vous aurez quelques points à discuter. Cela devrait renforcer votre confiance.

Et si la conversation s'enlise, n'hésitez pas à discuter d'un élément qu'ils ont partagé sur leur profil.

3. Gardez à l'esprit : Vous n'avez pas l'air aussi nerveux que vous le pensez

Un ami m'a demandé un jour de lui dire comment éviter d'avoir l'air nerveux.

Eh bien, c'est ce que je lui ai dit.

Bien que vous puissiez montrer quelques signes de nervosité, il y a de fortes chances que vous ne paraissiez pas aussi nerveux que vous le ressentez.

Pourquoi ? Parce que vous savez ce qui se passe dans votre esprit, et que vous êtes le seul à pouvoir en ressentir les symptômes.

L'autre individu peut percevoir tout ce qu'il voit ou entend. Et il est fort probable qu'il soit confronté à ses propres sentiments de nervosité.

Par conséquent, si vous commencez à balbutier quelques mots, ou si votre esprit s'éteint soudainement, prenez une profonde respiration, et recommencez. Pas de faute, ni de mal. Personne ne va le découvrir.

4. Apprenez à visualiser

La visualisation ne consiste pas seulement à réfléchir à des pensées heureuses. Il faut plus que cela.

Vous entendrez beaucoup d'athlètes professionnels parler du pouvoir de la visualisation. En fait, beaucoup d'entre eux réussissent grâce à la visualisation. Ils se voient, gagnants avant de commencer la course.

Vous pouvez visualiser n'importe quoi, mais c'est très utile avant de vous plonger dans des événements de visualisation à haute pression.

Au cas où vous ne connaîtriez pas du tout la visualisation, il s'agit de se projeter dans ce que vous voulez développer à partir de l'échange avec la personne. Ainsi, au lieu de vous dire de "penser positif", vous allez fermer les yeux et vous demander.

Quel sentiment ou quelle expérience voulez-vous que l'autre personne ait ?

Ensuite, vous entrerez dans les détails de ce que vous voulez ressentir, en utilisant autant que possible les expériences positives passées. Vous visualiserez l'ensemble du processus, du début à la fin, en vous concentrant sur les résultats positifs.

- Imaginez-vous en train de parler calmement, mais avec assurance.
- Voyez vous être pleinement attentif et présent.

- Imaginez que vous ressentez une énergie forte et une relation avec l'autre personne.

La raison de ce fonctionnement est que le cerveau ne peut pas faire la différence entre quelque chose d'imaginé et quelque chose de réel.

Si vous consacrez cinq minutes à cette répétition mentale la veille, et juste avant d'aller à la réunion ou à l'entretien, vous entrerez dans l'entretien ou la réunion en vous sentant comme un champion.

Comment disperser votre anxiété au travail de manière productive ?

Il est 16 heures et vous savez qu'il y a beaucoup de choses sur votre liste de choses à faire que vous pouvez terminer avant la fin de la journée. Des sentiments d'agitation et de malaise commencent à envahir votre esprit et votre corps, alors que vous tentez de trouver un moyen de terminer tout ce travail à temps.

Si c'est votre cas, vous n'êtes pas seul. L'Institut national de la santé affirme qu'environ 40 millions d'adultes aux États-Unis sont affectés par l'inquiétude. La culture du travail a tendance à être dure pour la santé mentale. Les rapports de l'Anxiety and Depression Society of America indiquent que 56 % des personnes souffrant d'anxiété abordent l'anxiété et la peur au travail.

C'est exact. Il y a une chance sur deux pour que votre patron souffre lui aussi d'anxiété au travail.

Mais comment disperser ces sentiments et émotions pour réussir dans votre carrière ? Comment pouvez-vous diriger cette énergie anxieuse vers des séances de travail productives ?

Anxiété au travail et stress

L'anxiété altère votre santé mentale et se situe sur un spectre émotionnel. D'un côté du spectre, vous pouvez ressentir le symptôme de l'inquiétude émotionnelle de bas niveau. Par exemple, vous avez une présentation importante à faire à un client, ou votre voiture fait un bruit bizarre, et vous n'avez pas l'argent pour réparer ce qui en est la cause.

Une douleur aiguë fait que vos glandes surrénales libèrent de l'adrénaline dans le système, ce qui entraîne une augmentation de votre flux sanguin et de votre rythme cardiaque. Cette montée d'énergie vous permet d'éviter l'attaque. Sans cette réaction de "combat ou de fuite", vous mourriez.

En revanche, si votre corps réagit par un symptôme de type "ours dans la cour", votre trouble anxieux cesse d'être utile.

N'oubliez pas que l'anxiété n'est pas la même chose que le stress, mais qu'elles sont liées.

Le stress est une action défensive face à des stimuli externes directs qui disparaît lorsque vous traitez le problème. Mais contrairement au stress, l'anxiété est autosuffisante. Elle peut exister par elle-même, comme un flocon de neige vulnérable qui ne fondra pas lorsque le soleil brûle.

Si vous ressentez un fort soulagement après avoir présenté un client, c'est le stress au travail qui s'en va. En revanche, si vous éprouvez une crainte résiduelle en pensant à votre lieu de travail, il s'agit d'une anxiété au travail qui refuse de prendre un jour de congé.

Vivre avec un sentiment d'épouvante résiduel demande des efforts. C'est comme avoir deux emplois. Et si vous avez fait deux emplois, vous comprenez que les performances et la productivité en prennent toujours un coup.

La nature a fait en sorte que vous vous sentiez toujours productif car c'est votre impératif biologique depuis longtemps.

Dans les premières périodes, les personnes improductives mouraient. Ils avaient probablement un problème d'anxiété, mais il n'y avait rien pour traiter leur santé mentale.

L'anxiété vous épuise, et votre productivité diminue. Vous vous punissez de votre manque de rendement par une réponse anxieuse, puis vous rincez et répétez.

Comment gérer l'anxiété au travail

Ne vous calmez pas

On pourrait penser que la réponse naturelle pour faire face à l'anxiété de performance au travail est de prendre de grandes respirations, de trouver un endroit tranquille et de rassembler ses pensées."

Plutôt que d'essayer de calmer votre anxiété, rappelez-vous les sentiments comme l'excitation et transformez l'anxiété liée à la performance en une congruence d'excitation qui vous permet d'atteindre vos objectifs.

Conseils pour gérer l'anxiété au travail

Un emploi peut déclencher de l'anxiété à bien des égards. Des délais serrés, la gestion des commérages, la création d'un équilibre de travail, la satisfaction des attentes de votre supérieur, etc.

De nombreuses personnes qui travaillent souffrent d'anxiété à un moment ou à un autre de leur vie. Mais que faire si votre travail vous fait ressentir de l'inquiétude au quotidien ? Lorsque vous craignez de mettre les pieds au bureau jour après jour. Lorsque quelque chose dans votre travail vous inquiète.

Selon votre état, il pourrait être utile de déterminer si votre emploi vous convient. Toutefois, si vous ne pouvez pas changer d'emploi, il existe des conseils pour vous aider à maîtriser votre anxiété au travail.

1. Apprendre à être conscient de soi

Avant de pouvoir changer votre situation, il est essentiel de comprendre ce qui cause exactement votre anxiété ou l'aggravation des symptômes de votre état. Même lorsque la cause de votre anxiété est quelque chose que vous ne pouvez pas changer, comme le fait d'avoir beaucoup de travail que vous ne pouvez pas gérer, comprendre le problème peut vous permettre de déterminer les étapes à suivre. Il est très difficile d'arriver à destination sans carte.

2. Libérez vos pensées

L'anxiété se développe rapidement. En fait, une seule pensée anxieuse peut se transformer en une centaine très rapidement. L'un des moyens les plus efficaces de libérer vos pensées est de les écrire toutes. Faites un vidage de cerveau de toutes vos pensées anxieuses. Si vous êtes chez vous, en train de réfléchir à votre drame professionnel, vous pouvez essayer de chanter vos pensées. L'intérêt de ces pratiques est que vous ne pouvez pas écrire ou chanter aussi vite que vous pensez, et que vous allez donc ralentir à mesure que vous libérez vos schémas de pensée inutiles.

3. Prenez du temps libre

Au bout de six mois environ, prenez le temps de vous déconnecter autant que vous le pouvez. Ne vous sentez pas coupable. Vous méritez de passer du temps avec vos proches. De nombreuses études indiquent qu'il est important pour votre santé mentale de prendre des congés. Cela vous donnera du temps à attendre avec impatience, du temps pour réfléchir et faire preuve de gratitude.

Il est important de faire des pauses car vous ne pouvez pas travailler sans interruption pendant 24 heures par jour.

Travailler sans pause peut être très épuisant.

C'est l'une des raisons pour lesquelles les gens souffrent d'anxiété au travail.

Lire des courriels pendant le déjeuner et prendre des appels officiels après 19 heures ne font qu'aggraver votre malheur.

Vous n'avez vraiment pas envie de discuter des affaires du bureau avec vos collègues lorsque vous prenez votre déjeuner.

En fait, il faut éviter de s'acquitter de ses tâches professionnelles pendant son temps libre.

Par exemple, consacrez votre pause déjeuner uniquement à manger.

De même, essayez de passer suffisamment de temps avec votre famille et vos amis. Ne transportez jamais votre travail de bureau à la maison ou partout où vous allez, quel que soit l'état de votre patron.

C'est important si vous voulez passer un bon moment sans anxiété, au bureau comme à la maison.

Il est également bon de faire des pauses régulières pendant votre travail.

Les scientifiques recommandent toujours de faire une promenade dans la nature tous les jours.

Faites une promenade dans un environnement plus vert.

En fait, les personnes qui viennent de régions plus vertes ont tendance à être moins anxieuses et moins dépressives.

Pour cette raison, installez votre lieu de travail près d'un parc ou d'un espace ouvert si possible.

Dans l'ensemble, veillez à sortir vous promener toutes les quelques heures et essayez de sentir les roses si vous le pouvez.

Les pauses courtes ont tendance à interférer avec le cycle de réponse de l'organisme au stress.

Vous repartez de zéro quand vous revenez de votre pause.

En plus de la marche, d'autres options de pause rapide comprennent le vélo pendant plusieurs minutes, la montée des escaliers ou une petite séance de méditation.

N'oubliez pas que vous pouvez offrir à votre esprit et à votre corps le bon exutoire pour libérer une partie du stress et de l'anxiété qui vous perturbent depuis des années.

Plus important encore, il vous permettra de reprendre une vie normale sans tomber dans la spirale.

Vous pouvez également choisir parmi différentes autres idées de pauses rapides pour soulager l'anxiété au travail.

4. Savoir quand demander de l'aide

Si vous vous noyez dans le travail, si vous traversez une période difficile ou si vous avez l'impression de ne pas pouvoir répondre aux attentes de votre supérieur, demandez l'aide de vos collègues. Même s'il peut sembler que chacun se concentre sur son propre travail et son propre stress de manière indépendante, ce n'est pas toujours important pour tout le monde. Demander de l'aide lorsque vous en avez besoin permet d'alléger le fardeau et d'établir la confiance entre collègues. Si vous êtes coupable d'utiliser leur temps, offrez votre aide la prochaine fois qu'ils en auront besoin.

5. Accepter l'anxiété

Plus vous craignez l'anxiété, plus elle peut s'avérer puissante. Pour soulager l'anxiété, il faut accepter que le travail vous fasse parfois ressentir ce sentiment. C'est plus facile à dire qu'à faire, mais cela demande de la pratique. Par conséquent, la prochaine fois que vous sentirez vos pensées et les battements de votre cœur s'emballer, prenez un peu de temps et dites-vous que vous vous sentez anxieux. Il peut être surprenant de constater à quel point ce petit geste peut vous stimuler.

L'anxiété au travail arrive à tout le monde. Mais pour ceux qui l'éprouvent constamment, ce n'est pas quelque chose qu'il faut repousser ou ignorer. Même si vous vous sentez stressé et sous pression, il est nécessaire de prendre le temps de contrôler votre anxiété.

6. Partagez vos sentiments

Il peut être utile de parler à un collègue de travail en qui vous avez confiance, car il peut s'associer à votre anxiété et la compatir. Si vous n'avez pas de collègue de travail en qui vous avez confiance, vous pouvez parler à un ami, à un professionnel de la santé mentale ou à un membre de votre famille. Discuter de l'anxiété avec la bonne personne peut vous permettre de traiter ces émotions fortes, et cela peut être authentique si la personne est compréhensive et vous soutient. Elle peut également avoir des suggestions pour vous aider à gérer l'anxiété.

7. Changez votre routine matinale

L'un des meilleurs moments de la journée est le matin.

Vous vous réveillez en pleine forme après une longue nuit de sommeil, bien décidé à commencer votre journée sur une note positive.

La première approche, et la plus importante, que vous devriez utiliser pour gérer l'anxiété et le stress est de développer une routine matinale.

Cela vous permettra de tirer le meilleur parti de votre journée et de garder les pieds sur terre.

Cette technique doit être composée de :

Consacrez les 90 premières minutes à votre tâche la plus pertinente

Par exemple, les 2 ou 3 premières heures du matin sont le moment où vous êtes le plus productif.

En utilisant cette approche, vous éliminerez non seulement la tâche la plus importante, mais vous pourrez également maîtriser votre anxiété pour toute la journée.

Se réveiller tôt le matin

Si vous vous réveillez tôt le matin, cela vous aidera à travailler calmement au lieu de crier et de vous précipiter.

Vous avez toute la journée du monde pour faire ou atteindre ce que vous voulez.

Vous pouvez également consacrer du temps supplémentaire à des activités telles que les soins personnels et la lecture, sur lesquelles vous ne pouvez pas vous concentrer si vous entrez et sortez de la maison tous les matins.

Faites une promenade

La plupart des gens ont des habitudes matinales spécifiques dont ils ont du mal à se débarrasser.

Par exemple, certaines personnes doivent commencer leur matinée par une tasse de café,

Le café a du bon, c'est certain, mais si vous luttez contre l'anxiété, vous devez l'abandonner et le remplacer par une habitude plus saine.

Cette habitude consiste à commencer votre journée par une petite marche de 30 minutes. C'est une excellente méthode pour soulager certains des problèmes de votre esprit.

Non seulement vous verrez la nature le matin, mais vous pourrez aussi améliorer votre humeur.

Par conséquent, allez vous promener tous les matins, mais laissez votre téléphone à la maison.

Laissez la nature vous entourer, et votre anxiété se dissipera lentement mais sûrement.

8. Communiquer avec les personnes qui vous entourent

La meilleure façon de briser votre anxiété est de communiquer avec les personnes qui vous entourent.

Bien sûr, vous avez beaucoup de personnes dans votre bureau avec qui vous pouvez discuter de tout, ce qui est à l'origine de votre anxiété.

Il est essentiel de dire que vous ne pouvez pas réduire l'anxiété au travail en consommant des aliments sains et en pratiquant le yoga pendant cinq minutes par jour seulement.

Il s'agit de la manière dont vous opérez et communiquez avec les autres dans votre bureau.

Voulez-vous éviter votre patron à tout moment ? Vous éclatez en sanglots au lieu de parler à cœur ouvert ?

Un moyen idéal de trouver des réponses à vos problèmes et de réduire votre stress est de parler à vos collègues.

Le moyen le plus simple de stimuler la communication est d'établir des relations individuelles.

Cela vous permettra de traiter le problème au niveau individuel plutôt que d'exposer vos problèmes à l'ensemble du bureau.

Commencez par apprendre les noms des personnes et leurs responsabilités.

Créez même des liens avec une personne à qui vous n'avez jamais parlé.

Il n'y a pas non plus de crainte à demander de supposer que vous avez oublié le nom de quelqu'un.

Il n'y a pas non plus de gêne à demander de l'aide lorsque vous ne comprenez pas comment mettre en œuvre quelque chose, surtout dans un environnement de travail trépidant.

D'un autre côté, vous pouvez laisser l'anxiété s'installer dans votre vie et votre travail si vous continuez à hésiter à chercher de l'aide.

Demander de l'aide est une chose qui peut vous sauver la mise lorsque vous êtes soumis à une forte pression ou que vous ne savez pas quoi faire. Cela montre également à votre patron que vous vous souciez aussi de votre travail.

Une autre pratique puissante pour réduire l'anxiété de chacun consiste à utiliser un langage apaisant et naturel au travail.

Commencez vos conversations par des phrases telles que "Je pense que nous devrions..." et terminez-les par des phrases telles que "Qu'en pensez-vous ?".

Vous montrez ainsi à vos collègues que vous respectez leur opinion et que vous ne tentez pas de leur imposer la vôtre.

S'écouter patiemment les uns les autres réduira toujours vos niveaux d'anxiété.

L'anxiété sur le lieu de travail augmente également en raison d'une mauvaise application de la technologie.

Cela semble bizarre, mais lorsqu'on s'attaque à la source du problème, on découvre qu'une grande partie de l'anxiété au travail provient de la tentative d'interprétation électronique des émotions et des intentions.

Par exemple, vous pouvez augmenter votre stress en attendant une réponse sur un sujet difficile.

C'est pourquoi il est de loin préférable d'avoir une conversation personnelle si vous êtes particulièrement anxieux à propos de quelque chose.

Vous pouvez également passer un appel téléphonique si vous souhaitez éviter de parler directement à la personne.

Enfin, ne cherchez pas le bonheur dans les problèmes de vos collègues.

Les drames de bureau ne peuvent créer du divertissement que sur le court terme.

Ensuite, l'environnement de bureau devient plus stressant, ce qui diminue le moral de chacun et provoque de l'anxiété.

Vous devez vous efforcer de changer de sujet lorsqu'une personne dénigre vos collègues ou découvre une raison d'abandonner complètement la conversation.

9. Identifiez votre respiration

L'une des techniques mais aussi l'une des raisons cruciales de l'anxiété au travail est la respiration superficielle.

Pour aggraver la situation, la plupart des gens ne savent pas qu'ils ont perdu leur souffle il y a longtemps. D'un autre côté, vous n'avez jamais réussi à identifier votre souffle en premier lieu.

Vous commencerez à vous sentir anxieux si vous respirez superficiellement.

Et vous vous sentirez détendu et plus heureux si vous commencez à respirer à partir de votre abdomen.

Vous pouvez calmer votre esprit lorsque vous vous sentez épuisé et stressé en adoptant des techniques de respiration simples.

Tout d'abord, commencez à vous concentrer sur votre inspiration et votre expiration.

Vous parviendrez à respirer profondément et à surmonter les situations d'anxiété lors d'une réunion importante.

La respiration profonde vous permettra également de retrouver le sommeil si vous souffrez de troubles tels que l'insomnie.

La respiration lourde vous permet d'oublier certains de vos soucis pendant un court laps de temps. Elle apaise votre esprit et fait en sorte que votre cerveau soit plus connecté à votre corps.

N'oubliez pas que se détendre ne consiste pas à rester assis devant la télévision pendant des heures. Elle peut vous pousser à un état d'anxiété au lieu de vous donner une chance de vous détendre.

Il est crucial pour vous de déclencher les réactions naturelles de votre corps contre les circonstances stressantes.

En résumé, rappelez-vous que vous n'avez pas besoin de vaincre l'anxiété intense dont vous souffrez tout seul.

Il y a de nombreuses occasions où vous devez chercher un médecin.

Si vous ne parvenez pas à bien dormir pendant plus de deux semaines, si vous ne trouvez rien d'intéressant ou si votre nouveau rôle est source d'anxiété, vous devez consulter immédiatement un médecin.

N'oubliez pas de garder votre travail en perspective. Vous devez savoir que personne ne mourra même si vous n'avez pas réussi à accomplir une tâche dans un délai donné.

Vous devez donner le meilleur de vous-même, mais vous ne devez pas laisser quoi que ce soit vous porter sur les nerfs. Vous faites simplement votre travail, vous ne pratiquez pas la chirurgie du cerveau.

Essayez d'imaginer un problème plus vaste que celui qui vous cause de l'anxiété. Cela vous permettra de vous arrêter un moment, de respirer profondément et de calmer votre cerveau.

Chapitre 8 : Prendre le contrôle de ce que vous faites

Certaines personnes sont conscientes des liens entre leurs pensées anxieuses et les sentiments et comportements associés à ces pensées. Mark, par exemple, comprend que lorsqu'il doit assister à une réunion au travail, il est susceptible d'être stressé et inquiet quelques jours avant la réunion, et il souffre toujours d'une petite migraine.

D'autres savent quand ils ont des pensées anxieuses, mais les symptômes physiques qu'ils ressentent - maux de tête, problèmes digestifs et tension dans les épaules, par exemple - sont considérés comme quelque chose de tout à fait différent et ne sont pas associés à l'anxiété. S'ils révèlent un symptôme physique, ils pensent que cela signifie qu'ils ont des problèmes physiques différents. Et cela ne fait qu'accroître leurs craintes et leurs inquiétudes.

D'autres ne sont conscients que des symptômes physiques et ne réalisent même pas qu'ils ont été anxieux à propos de quelque chose.

Il est important de noter que l'anxiété présente des caractéristiques comportementales et physiques ainsi que des éléments cognitifs, et que chaque caractéristique peut en activer une autre. Vos pensées peuvent déclencher des sensations physiques. Si vous prenez une fine tranche de citron, par exemple, vous aurez probablement l'eau à la bouche. Si vous voyez quelqu'un bailler, vous pouvez vous surprendre à bailler aussi.

De la même manière, l'anxiété n'est pas uniquement localisée dans votre tête. L'anxiété se manifeste également dans tout votre corps. Ainsi, une partie du traitement de l'anxiété exige que vous gériez les éléments physiques de manière constructive. En fait, vous pourriez découvrir que, dans de nombreuses circonstances, il est plus facile ou plus pratique de changer ce que vous faites que de changer ce que vous croyez et comment vous le croyez. Et une fois que vous contrôlez les sensations physiques, les pensées se calment et deviennent plus rationnelles et raisonnables.

Nous avons tous fait l'expérience des sensations physiques qui accompagnent l'anxiété : sensation de chaud et de froid, accélération du rythme cardiaque, papillons dans l'estomac, sensation de faiblesse, tremblements, etc. Il existe de nombreuses façons différentes de ressentir l'anxiété physique, mais elles sont toutes liées à notre réaction de "combat ou de fuite".

Comment l'inquiétude et l'anxiété affectent le corps

Lorsqu'une difficulté, un problème ou un défi se présente, votre corps se prépare à y faire face. La réaction de combat ou de fuite amène le système nerveux de votre corps à produire des hormones comme le cortisol et l'adrénaline. Ces hormones peuvent augmenter le taux de sucre dans le sang, que le corps peut utiliser immédiatement comme carburant pour se défendre contre une situation dangereuse.

En revanche, lorsque vous êtes inquiet, si vous pensez à des choses comme "Je vais m'égarer" ou "Et si je commettais une erreur sur ce projet ?". Vous allez créer de la peur avec vos pensées de danger et de catastrophe, et votre corps réagit en déclenchant les symptômes liés à la peur et au stress.

Une fois que l'excès de carburant dans le sang n'est pas utilisé pour les activités physiques, les hormones augmentent, le rythme cardiaque s'accélère, la tension musculaire et la respiration superficielle entraînent des symptômes à plus long terme tels que :

- Maux de tête
- Problèmes digestifs
- Irritabilité et incapacité à se concentrer
- Fatigue et lassitude
- Énergie nerveuse
- Mâchoire serrée

Si vous souffrez constamment de ces symptômes, il est crucial de consulter un médecin afin d'exclure les problèmes physiques sans rapport avec l'anxiété. Et dans le cas où les symptômes physiques se produisent à cause de l'anxiété, il existe, bien sûr, des médicaments pour contrôler les effets physiques.

Les médicaments les plus courants pour le traitement à long terme de l'anxiété sont les antidépresseurs, qui rétablissent l'équilibre des substances chimiques dans le cerveau.

Les crises d'angoisse peuvent également être contrôlées par des médicaments à action rapide comme le diazépam, important pour le traitement à court terme des crises de panique dangereuses.

L'anxiété et ses effets secondaires physiques peuvent être contrôlés par des bêta-bloquants, qui sont normalement utilisés pour traiter les problèmes cardiaques et l'hypertension artérielle. Les bêta-bloquants tels que le propranolol réduisent le rythme cardiaque et détendent les vaisseaux sanguins, ce qui peut soulager les symptômes physiques.

Vous pouvez essayer de contrôler vous-même le symptôme qui vous perturbe le plus. Par exemple, si votre digestion est perturbée par l'anxiété, vous pouvez consommer des médicaments pour l'estomac en vente libre. En revanche, si vous souffrez de maux de tête, vous pouvez consommer des analgésiques en pharmacie, et ainsi de suite.

Ils peuvent vous aider ou non. Il y a cependant d'autres choses que vous pouvez faire pour contrôler les effets physiques de l'anxiété.

Reconnaître et accepter

Commencez par prendre conscience que vous ressentez un symptôme physique d'anxiété. Faites-en l'expérience et prêtez-y attention sans vous focaliser dessus ni y réagir comme s'il s'agissait d'une situation d'urgence. Appliquez une technique de pleine conscience et acceptez que, quelle que soit la raison, vous croyez que vous le faites.

Réduire les sensations physiques

Une fois que vous reconnaissez et acceptez les sensations physiques que vous éprouvez, vous pouvez faire baisser les sentiments physiques.

Votre façon de respirer a un impact direct sur vos symptômes physiques. Chaque fois que vous êtes en danger, que vous traversez une situation d'urgence, au lieu de respirer à un rythme normal, vous commencez à respirer rapidement et superficiellement par la partie supérieure de vos poumons, inspirant plus d'air que ce dont votre corps a besoin.

Si vous ne réagissez pas au danger éventuel par la lutte ou la fuite, vous risquez de ressentir les symptômes désagréables qui accompagnent l'anxiété et la panique : sensation de tête légère, confusion, vertiges, engourdissement des mains ou des pieds, nausées.

La bonne nouvelle est qu'en modifiant votre respiration, vous pouvez modifier les symptômes ci-dessus. En prenant en charge votre respiration, il se produit ce qui suit :

- Votre tension artérielle diminue.
- Vous commencez à vous sentir plus à l'aise et plus calme.
- Votre demande d'oxygène diminue.
- Votre tension musculaire s'affaiblit

Il est important de comprendre qu'il y a une légère différence entre se calmer et s'énerver. La distinction réside dans le timing. La réaction d'urgence est immédiate. Tous ces changements physiques se produisent ensemble immédiatement.

Il faut cependant plus de temps à votre corps pour se "calmer". Bien qu'il faille plus de temps au corps pour répondre à une réaction d'apaisement, vous pouvez la déclencher.

Elle peut en fait vous permettre de calmer les sensations physiques si vous parvenez à maîtriser votre respiration. C'est peut-être un conseil que vous avez déjà entendu, mais il peut vraiment vous aider.

Maîtrisez une méthode de respiration naturelle qui vous apporte suffisamment d'oxygène et régule l'évacuation du dioxyde de carbone.

Se concentrer sur sa respiration permet de faire deux choses : tout se calme - les battements rapides de votre cœur et vos pensées qui s'emballent. Elle peut réduire ou distraire votre esprit et lui fournir quelque chose de valable à réfléchir. C'est un exercice de pleine conscience ; lorsque vous vous concentrez sur votre respiration, vous vous concentrez sur quelque chose qui se passe maintenant. Elle vous aide à vous ancrer.

Bien sûr, vous pouvez découvrir des pensées qui surgissent pendant que vous respirez. Laissez-les aller et venir et redirigez votre attention sur votre respiration.

Réguler sa respiration a également l'avantage d'être une chose simple que vous pouvez faire n'importe où, n'importe quand. Vous pouvez le faire quand vous le souhaitez. Rappelez-vous de le faire en plaçant une note autocollante avec les mots "respirer" et collez-la sur votre ordinateur.

Il existe différentes façons de contrôler sa respiration.

Voici quelques-unes des méthodes

1. **Sentez votre respiration**

Tout d'abord, placez une main sur votre poitrine et sentez votre souffle entrer et sortir de votre corps. Découvrez le rythme naturel. Comprenez la fraîcheur de l'air lorsque vous inspirez et la chaleur de l'air lorsque vous expirez.

2. **Comptez votre respiration**

Respirez et comptez en avant et en arrière. Commencez par compter jusqu'à 7 en inspirant, puis redescendez de 7 en expirant, puis comptez jusqu'à 6 en inspirant, et revenez de 6 en expirant. Continuez à compter jusqu'à ce que vous arriviez à 3, puis recommencez à compter jusqu'à 7. Lorsque vous atteignez les chiffres les plus bas, comptez plus lentement.

3. Reflétez votre respiration

Faites appel à votre imagination. Inspirez comme si vous acceptiez le parfum d'une fleur. Expirez comme si vous faisiez des bulles. Supposez que vos respirations sont comme les vagues de l'océan. Elles vont et viennent. Ou imaginez que vous expirez jusqu'aux limites de l'univers et que vous inspirez de là dans votre corps. Ou encore, vous pouvez inhaler de la couleur ; supposez que la couleur de l'air occupe vos poumons mais aussi votre corps tout entier.

Comprenez que lorsque vous contrôlez votre respiration, vous contrôlez également vos pensées et votre comportement. Les aspects cognitifs et les caractéristiques de l'inquiétude et de l'anxiété.

Faites confiance à la capacité de votre corps à respirer

Et si c'était la respiration qui vous causait des problèmes ?

Lorsque vous vous sentez anxieux, vous pouvez ressentir une légère tension dans votre gorge ou votre poitrine. Ce sont les muscles de votre poitrine et de votre gorge qui sont tendus, mais cette sensation peut vous amener à croire que vous ne recevez pas suffisamment d'air. Il peut alors en résulter une panique et des vertiges, l'impression de ne pas avoir assez d'oxygène ou d'arrêter de respirer.

Avant que vous ne vous en rendiez compte, un cycle d'anxiété s'enclenche, une peur déclenchant l'autre. Que faire ?

Même si vous en avez l'impression, vous n'allez pas vraiment vous arrêter de respirer. Vous pouvez vous le confirmer en prenant une grande inspiration et en la retenant aussi longtemps que possible. Une fois que vous aurez retenu votre respiration pendant un certain temps, votre corps atteindra un état où il vous fera automatiquement inspirer rapidement. Comme d'habitude, votre respiration reviendra à la normale à un moment donné. N'oubliez pas !

La réalisation de cet exercice peut vous permettre d'avoir confiance dans la capacité de votre corps à respirer. Vous comprendrez que, quoi que vous fassiez avec votre respiration, votre corps est normalement en contrôle et surveille toujours votre respiration pour vous.

Mais si vous vous rendez compte que le fait de vous concentrer sur votre respiration ne fait qu'aggraver les choses - qu'une fois que vous êtes anxieux, tout ce à quoi vous pensez devient un problème. Alors, il est bon de ne pas penser du tout à votre respiration. Comprenez-la et essayez de l'accepter. Si vous pensez que votre respiration est trop rapide et superficielle, alors laissez-la être superficielle et rapide.

Au lieu de cela, vous pouvez tenter quelque chose d'unique.

Levez-vous et bougez : Exercice et activité physique

N'oubliez pas que lorsque vous vous sentez anxieux ou craintif, votre corps produit des hormones de stress, comme le cortisol et l'adrénaline. Ces hormones augmentent les symptômes physiques que vous ressentez, comme l'accélération du pouls. Si vous ne pouvez rien faire contre la cause de votre inquiétude, ces mêmes hormones peuvent vous empêcher de vous mettre en colère pendant un certain temps.

Choisir de pratiquer une activité physique peut aider.

L'activité physique consomme de l'adrénaline, réduit la tension et peut vous empêcher d'avoir ces pensées inquiétantes. Jouer au football, courir et faire d'autres exercices de fitness peuvent probablement vous aider. Mais il n'est pas nécessaire que ce soit un événement sportif organisé ou un programme d'exercice structuré.

Tout exercice physique, comme laver sa voiture, jardiner ou faire le tour du pâté de maisons à vive allure, peut aider.

En plus de réduire la tension et de consommer de l'adrénaline, l'exercice physique est un excellent moyen d'empêcher les soucis de vous ronger, car il peut détourner l'attention de votre cerveau vers votre corps.

Bien sûr, lorsque vous vous sentez anxieux, l'exercice physique peut sembler être la dernière chose que vous voulez faire. Cependant, une fois que vous aurez commencé à bouger, vous constaterez que cela peut faire la différence, en soulageant les symptômes de l'anxiété et en faisant en sorte que vous vous sentiez mieux.

Si vous aimez être à l'extérieur, marchez, courez, faites du vélo ou lancez la balle au chien. La course, le vélo et la natation vous aident à rester actif à votre propre rythme, et vous pouvez les faire seul. Cependant, vous pouvez demander à un ami de se joindre à vous - vous aimerez peut-être la compagnie.

Soyez actif dans votre démarche. Effectuez-le à votre rythme et selon vos capacités. Que pouvez-vous faire ? Imaginez deux ou trois exercices physiques que vous aimez ou que vous pouvez faire. Vous serez plus enclin à les exécuter lorsque vous aurez besoin de libérer votre énergie anxieuse.

En plus de consommer l'adrénaline et d'autres hormones et de permettre aux muscles de se détendre, l'activité physique et l'exercice peuvent produire des substances chimiques cérébrales bénéfiques.

La marche, c'est bien. Tout le monde peut le faire, quel que soit son âge et son niveau de forme physique. C'est bon pour votre cœur, votre tête et votre porte-monnaie. La marche est également un moyen idéal de se rapprocher de la nature. Les recherches indiquent que la marche dans les espaces verts réduit le niveau de stress, améliore l'humeur, le bien-être psychologique et la concentration.

Vous pouvez marcher sur votre ou avec d'autres personnes, et cela ne vous coûtera rien.

Si vous n'êtes pas en mesure de sortir, cherchez un film sur YouTube que vous pouvez suivre. Ou effectuez quelques tâches ménagères comme faire le lit.

Quoi que vous fassiez, ce sera aussi une distraction qui vous permettra de vous éloigner du cycle des pensées négatives qui augmentent l'anxiété.

Les aliments que vous consommez

Si vous êtes anxieux, la façon dont vous mangez et ce que vous mangez déterminent la façon dont vous et votre estomac vous sentez.

Les aliments frits, gras et les sauces riches peuvent vous donner des nausées. Le café, l'alcool et les aliments à forte teneur en sucre peuvent vous faire sentir fatigué. Il est peu probable que le fait de ne pas consommer ces aliments guérisse l'anxiété, mais cela peut aider.

Si vous souffrez de troubles du côlon irritable, le contrôle de votre régime alimentaire vous permettra de traiter vos symptômes.

Mais il n'existe pas de régime spécifique pour les personnes atteintes de cette maladie. Ce qui fonctionne bien pour vous dépendra de vos symptômes et de votre réaction aux différents aliments lorsque vous êtes anxieux.

Quels que soient vos symptômes, cela peut vous aider à :

- Prenez votre temps pour manger.
- Prenez des repas quotidiens.
- Limitez la quantité de café, de thé et de boissons gazeuses que vous consommez.

Enfin, lorsque l'anxiété vous tenaille l'estomac, essayez certaines des méthodes de respiration abordées dans les chapitres précédents. Elles peuvent aider à réduire les symptômes d'un estomac dérangé.

Chapitre 9 : Les moyens de cultiver une attitude mentale qui génère la paix et le bonheur

De la même manière que chacun a des pensées et des sensations physiques différentes lorsqu'il est anxieux, chacun d'entre nous se comporte de manière différente.

Si vous vous sentez anxieux parce que vous attendez un e-mail, un appel téléphonique ou une lettre pour savoir si le poste vous sera attribué ou non, vous pourriez marcher dans la pièce. Une autre personne pourrait s'asseoir et se ronger les ongles. Quelqu'un d'autre pourrait fumer. Quelqu'un d'autre pourrait décider d'accomplir ses rituels'.

La façon dont nous nous comportons lorsque nous sommes inquiets dépend de différents éléments, notamment de ce qui a provoqué l'anxiété, de notre capacité à contrôler la situation et de la similitude de la circonstance avec nos expériences passées.

Vous évitez probablement les circonstances qui vous ont rendu anxieux dans le passé, et vous évitez également les événements et les situations similaires qui, selon vous, vous rendront plus anxieux.

Les comportements d'évitement peuvent consister à "faire" ou à ne pas faire des choses. Les comportements "d'action" peuvent être des comportements rituels et compulsifs, comme se laver les mains, compter ou vérifier de manière excessive. Il peut s'agir de tendances à la dépendance : dépendre, par exemple, d'autres personnes ou de médicaments pour éviter les sentiments et les pensées anxieuses.

Lorsque l'évitement total est impossible, vous pouvez opter pour des comportements de fuite : quitter ou s'échapper au milieu d'une situation. Par exemple, si vous ne pouvez pas éviter ou sortir d'une situation sociale, vous pouvez découvrir un moyen de partir dès que vous le pouvez.

L'un des problèmes des comportements d'évitement est qu'ils vous placent dans un état de peur. Par exemple, supposons que vous évitiez une situation sociale à la dernière minute à cause de vos pensées anxieuses. Vous franchissez la porte, et votre anxiété augmente. Vous faites demi-tour et rentrez chez vous.

Une fois arrivé chez vous, vos sensations physiques diminuent : votre rythme respiratoire redevient normal, votre température revient à la normale, votre rythme cardiaque commence à diminuer. Cela signifie que votre corps renforce votre évitement. Votre corps se détend et vous informe que vous avez pris la bonne décision.

Vous éprouvez un sentiment de confort et de soulagement en vous disant : "Dieu merci, je ne suis pas intervenu. Et si je l'avais fait ? Mon cœur aurait battu si fort que j'aurais eu une crise de panique."

La diminution de vos symptômes physiques, ainsi que vos pensées sur ce qui se serait passé si vous étiez allé à la fête, renforceront votre décision d'éviter des circonstances sociales similaires à l'avenir.

Eh bien, posez-vous la question suivante : combien d'énergie mentale et de temps avez-vous consacré à l'évitement ? Comment a-t-elle détruit vos relations avec vos collègues, vos amis et votre famille ? Quel impact cela a-t-il eu sur votre estime de soi et votre confiance en vous ?

Les comportements d'évitement ne sont qu'une béquille - ils offrent un soulagement temporaire et inapproprié. Le problème est que les comportements d'évitement vous font croire que vous avez réussi à résoudre le problème de ce qui cause votre anxiété.

Bien que l'évitement puisse vous faire sentir mieux à court terme, vous n'avez jamais l'occasion de découvrir comment gérer vos peurs et prendre en charge les situations. Soit vous ne vous rendez pas compte qu'il doit y avoir une meilleure façon de réagir, soit, si c'est le cas, vous ne savez pas comment résoudre ce qui vous rend anxieux. Mais l'essentiel est de confronter vos peurs. Vous pouvez y parvenir en utilisant une approche connue sous le nom de "résolution de problèmes axée sur les solutions". Elle consiste à se concentrer sur ce que vous pouvez modifier, plutôt que sur les caractéristiques des circonstances qui vous dépassent. Vous consacrez votre temps et votre énergie à traiter les solutions et non les problèmes.

Technique axée sur les solutions

Pour cela, vous devez commencer par accepter vos pensées et vos sentiments anxieux. Si vous voulez en savoir plus sur l'acceptation, vous pouvez vous reporter au chapitre sur la pleine conscience.

La prise de conscience et l'acceptation de vos symptômes seront la clé des étapes suivantes. Lorsque vous éprouvez des difficultés à utiliser de nouvelles compétences, demandez-vous d'abord si vous utilisez le principe d'acceptation.

Si vous pouvez accepter vos pensées et sentiments anxieux, vous donnez à votre côté rationnel de l'esprit la possibilité de commencer à travailler pour vous.

Il est important de rappeler que lorsque vous êtes anxieux, le côté hautement réactif de votre cerveau prend le dessus, et le côté réfléchi de votre cerveau se ferme.

Au lieu de laisser l'anxiété initiale vous inciter à identifier une solution constructive à ce qui vous inquiète, vous avez laissé ces inquiétudes grandir et envahir votre esprit.

La première étape consiste donc à réduire l'amygdale anxiogène de votre cerveau et à impliquer le néocortex : la partie pensante de votre cerveau. Cela demande des efforts, un engagement et de la pratique, mais vous pouvez y arriver.

Vous pouvez toujours solliciter le côté réflexion de votre cerveau en lui proposant quelque chose de simple et de neutre à considérer. Il peut s'agir de vous rappeler ce que vous avez dû consommer à chaque repas hier. Vous pouvez aussi essayer de compter à rebours à partir de 50 ou de réciter un alphabet à rebours. Il peut s'agir de répondre à quelques indices d'une grille de mots croisés.

Il peut s'agir d'adopter l'une des approches respiratoires déjà évoquées dans les chapitres précédents.

Ne rendez pas la tâche si difficile que vous abandonnez et laissez votre esprit retourner à vos soucis.

Une fois que vous vous sentez capable de penser correctement, vous pouvez commencer à vous occuper de ce qui vous inquiète et génère de l'anxiété.

Apprendre à planifier plutôt qu'à s'inquiéter

Il ne fait aucun doute que l'inquiétude peut être utile lorsqu'elle vous incite à agir et à résoudre un problème. Mais le fait de se sentir anxieux ne change rien à la situation. Le fait de basculer dans un cycle d'inquiétude et d'anxiété ne vous permettra pas de penser clairement ni de vous attaquer à un problème potentiel.

Vous devez prendre des mesures : des mesures utiles. Traitez le problème, créez des changements et constatez des progrès. Vous vous sentirez alors en contrôle et moins anxieux. Vous serez passé de la cause des problèmes à la recherche de solutions.

Si vous pouvez adopter l'esprit d'un débutant sur un sujet qui vous a déjà préoccupé, vous avez de grandes chances de le rendre différent de la dernière fois.

Bien que ce conseil puisse sembler contre-intuitif, il peut vous aider à commencer à identifier et à accepter ce que serait le pire scénario. En effet, une fois que vous avez accepté ce que vous craignez, vous savez à quoi vous vous exposez. Vous pouvez alors envisager les options qui s'offrent à vous pour réduire ou gérer le pire des scénarios.

Par exemple, si vous avez peur de conduire dans un endroit nouveau, le pire scénario serait que vous vous perdiez, que vous tourniez en rond et que vous tombiez probablement en panne d'essence.

Dans le pire des cas, vous ne respecterez pas le délai, votre responsable se mettra en colère et tout le monde pensera que vous êtes incompétent.

Ou, dans un autre cas, vous pouvez vous rendre à une fête où vous ne connaissez personne. Le pire scénario est que vous vous retrouviez dans une situation où vous n'avez personne à qui parler et que vous fassiez une crise de panique.

De quoi avez-vous peur actuellement ? Quel est le pire qui puisse arriver ?

Quoi qu'il en soit, vous pouvez apprendre à être organisé plutôt que de vous inquiéter. L'inquiétude consume votre esprit. En revanche, un plan vous permet de vous concentrer de manière positive.

Il y a six étapes que vous pouvez suivre :

1. Mettez en évidence le problème spécifique et le pire scénario.
2. Mettez en évidence le meilleur scénario possible.
3. Identifier les solutions et les options possibles.
4. Déterminer les options ou les solutions.
5. Divisez votre solution en "étapes gérables".
6. Examinez le résultat.

Mettez en évidence le problème spécifique et le pire scénario.

Eh bien, la première chose à se demander est, quel est le pire qui pourrait arriver ?

Notez votre réponse. Essayez d'être aussi précis que possible.

Déterminer le meilleur scénario possible

Ensuite, mettez en évidence ce que vous voudriez vraiment qu'il se passe. Quel serait le meilleur scénario possible ? Il s'agit d'une approche permettant de déterminer vos valeurs et de trouver ce qui vous aidera.

Réfléchissez au résultat que vous souhaitez obtenir. Par exemple, avec l'échéance imminente, voudriez-vous que le résultat soit que vous puissiez l'atteindre ? Ou bien aimeriez-vous que l'échéance soit repoussée et que vous disposiez de suffisamment de temps ?

Lorsque vous êtes anxieux, vous pouvez perdre de vue ce que vous voulez. Vous êtes trop occupé à penser à ce que vous ne voulez pas. Comprendre ce que vous voulez et où vous voulez arriver permet d'obtenir un résultat positif.

Déterminer les options et les solutions possibles

Une fois que vous avez décidé de ce que vous aimeriez qu'il arrive, pensez aux choses que vous pouvez faire pour vous aider à réaliser le meilleur scénario possible.

Ne vous sentez pas obligé d'identifier une solution parfaite. Déterminez simplement ce que vous pouvez changer, plutôt que les éléments de la situation qui échappent à votre contrôle.

Dans le cas d'un délai de travail, par exemple, les options peuvent être les suivantes :

- Demandez à quelqu'un de vous aider
- Faire des heures supplémentaires pour que le projet soit terminé à temps
- Déterminez quelles sont les principales parties qui doivent être achevées à temps et celles qui peuvent être remises plus tard.
- Discutez avec votre responsable pour obtenir du temps supplémentaire.

Il s'agit ici d'imaginer des possibilités. Il peut être nécessaire d'y réfléchir.

- Qu'avez-vous fait auparavant, dans la même situation, qui ne soit pas pertinent ?

- Quelque chose que vous avez fait dans la même situation qui a été utile.

- Le genre d'idées et de solutions que vos amis ou votre famille vous suggéreraient.

Tout cela représente des idées. Ce processus de recherche d'options vous permettra de dépasser votre méthode normale de pensée et de comportement.

Assurez-vous de noter vos options, vos idées et vos solutions afin de pouvoir les consulter. Mettre les choses par écrit peut être utile pour plusieurs raisons. Premièrement, en les écrivant, cela vous oblige à définir plus clairement vos options. Deuxièmement, au lieu d'essayer de les retenir dans votre tête, le fait d'écrire vos options et vos idées permet de décomposer vos idées.

Changez votre esprit pour des possibilités positives et dites-vous que vous pouvez faire en sorte que ce soit différent de la dernière fois. C'est pourquoi il est si important d'apprendre à votre cerveau à penser positivement. Cela simplifiera votre processus de recherche d'alternatives positives lorsque vous serez à la recherche de nouvelles options.

Sélectionnez l'une des options ou solutions

Une fois que vous avez dressé une liste de quelques options, choisissez une solution parmi celles que vous avez mises en évidence. Quelles sont les solutions ou les actions qui vous semblent les plus appropriées ? Est-il nécessaire de passer en revue les raisons "pour" et "contre" chaque idée ?

Si vous doutez encore, n'incluez pas vos inquiétudes en essayant de déterminer la bonne solution. Une réflexion excessive peut entraîner une confusion et vous nuire, de sorte que vous vous retrouvez dans l'impossibilité de prendre une décision.

Lorsque la situation s'y prête, prendre du recul pendant un certain temps peut vous aider à voir les choses avec un regard neuf et un esprit nouveau lorsque vous y revenez.

N'attendez cependant pas d'être complètement sûr de quelque chose avant d'agir. Plus vite vous réaliserez quelque chose, plus vous vous sentirez en confiance, en contrôle et moins inquiet.

N'oubliez pas que vous ne comprendrez peut-être jamais avec certitude le résultat d'une action donnée, mais que vous pouvez toujours être prêt à surmonter les éventuels défis qui se présentent.

Divisez votre solution en étapes faciles à gérer

Pour simplifier les choses, vous devrez diviser la solution que vous avez choisie en plusieurs étapes. Le nombre d'étapes nécessaires variera en fonction de la situation.

Par conséquent, si vous êtes inquiet à l'idée d'aller à une fête où vous ne connaissez personne, vous ne savez pas ce que vous allez dire, ou vous vous sentez stupide. Dans le pire des cas, vous ferez une crise de panique. Le meilleur scénario est que vous vous sentirez raisonnablement calme, que vous parlerez à quelques personnes et que vous rentrerez chez vous en vous sentant bien.

L'élaboration des étapes se traduit par un plan. Une fois que vous avez un plan avec des étapes positives et gérables, combiné à des pensées positives sur l'événement, des techniques de respiration, l'acceptation de vos sentiments anxieux, etc. vous avez plus de chances de maîtriser la situation.

Si, à un moment donné, vous vous sentez à nouveau anxieux, rappelez-vous : "Stop ! J'ai un plan !". Dites-vous les étapes que vous suivez pour maintenir votre attention sur ce plan.

Quelles sont les choses que vous évitez souvent parce qu'elles vous rendent anxieux ? Commencez petit. Commencez par des choses qui ne seraient pas difficiles. Peu importe qu'il s'agisse de très petits pas ; le but est de vous permettre de reprendre suffisamment de contrôle pour ressentir que, petit à petit, vous pouvez reprendre suffisamment de contrôle pour ressentir que. Même les plus petites actions sont des pas dans la bonne direction.

Visualisez un résultat positif. Créez des images dans lesquelles vous vous voyez en train d'obtenir des résultats positifs. Plutôt que de penser au pire scénario dans votre esprit, vous jouez le meilleur.

Plus vous vous visualisez en train de faire face à la situation et d'en sortir, plus vous avez de chances d'y arriver. Gardez à l'esprit que le fait de vous voir vous débrouiller permet à votre cerveau de croire que c'est possible.

Examiner le résultat

Une fois que vous avez fait le tour de la situation, examinez le résultat. Qu'est-ce qui a fonctionné ? Qu'est-ce qui s'est bien passé ? Qu'est-ce qui a permis que tout se passe bien ? Si cela ne s'est pas passé comme prévu, qu'avez-vous appris ?

Plus de moyens de cultiver une attitude mentale qui génère la paix et le bonheur

Il existe différentes approches que vous pouvez appliquer dans votre vie, et voici plusieurs façons de le faire.

1. **Occupez votre esprit avec des pensées de courage, de santé, de paix et d'espoir.**

Votre pensée dominante va établir la réalité. Si vous continuez à vous plaindre de ne pas avoir assez, ces sentiments de "pas assez" vont commencer à affluer.

2. N'essayez pas de vous venger sans ennemis, car si nous nous faisons du mal à nous-mêmes bien plus qu'à eux. Ne perdez pas une minute à réfléchir sur les personnes que vous n'aimez pas.

C'est très important. Pardonnez ! Ne faites pas partie de ces gens qui attendent que le karma fasse des ravages.

3. Comptez vos bénédictions et non vos problèmes
4. N'imitez pas les autres. Découvrez-vous et soyez vous-même, car "l'envie est l'ignorance" et "l'imitation est un suicide".
5. Quand le destin nous envoie un citron, essayez de créer de la limonade.
6. N'oubliez pas votre malheur en essayant d'établir un peu de bonheur pour les autres. Lorsque vous faites du bien aux autres, vous faites du bien à vous-même.
7. Rappelez-vous que la seule façon de découvrir le bonheur n'est pas d'attendre de la gratitude, mais de fournir pour la joie de donner.

Chapitre 10 : Comment calmer les inquiétudes, l'anxiété et le stress émotionnel

Parler à quelqu'un, comme un ami ou un membre de la famille, du stress émotionnel, de l'anxiété et des autres effets qu'ils provoquent sur vous peut vous aider de diverses manières. Cela peut les décider à vous aider s'ils savent ce que vous ressentez et ce que vous vivez. Il se peut qu'ils soient passés par des sentiments similaires et qu'ils puissent partager leurs expériences.

Le fait d'évoquer vos inquiétudes peut vous faire perdre votre peur. En général, le simple fait d'avoir quelqu'un qui vous écoute parce qu'il se soucie de vous peut vous aider.

Si vous ne pouvez pas parler à un partenaire, un ami ou un membre de la famille, ou si vous le faites et qu'ils ne vous aident pas, ou encore si vous ressentez le désir de parler à quelqu'un qui n'est pas directement impliqué, comme un médecin ou un conseiller.

Individus positifs

La façon dont les gens vous répondent peut faire une différence dans la façon dont vous vous sentez par rapport à vous-même - dans votre estime de soi, votre confiance et votre capacité à réguler les sentiments et les pensées anxieuses. Vous avez besoin de personnes positives dans votre vie.

Soyez créatif dans votre réflexion. Les personnes positives que vous choisissez ne doivent pas nécessairement être des proches ou des personnes que vous connaissez. La personne vers laquelle vous pouvez vous tourner en cas de problème est peut-être votre médecin généraliste. Une personne à la télévision pourrait être celle qui vous fait rire. La personne qui vous motive pourrait être un individu sur lequel vous avez lu et qui a vaincu l'adversité.

Vous pouvez avoir une personne différente ou un certain nombre de personnes pour chaque circonstance, ou la même personne pour chaque circonstance. Si le fait d'avoir une personne optimiste dans votre vie peut faire toute la différence dans votre capacité à maîtriser ces situations, essayez de trouver quelques personnes qui, à leur manière, pourraient constituer votre réseau de soutien.

Cependant, pour chaque individu positif, il y a peut-être un individu négatif. Les autres peuvent être considérés comme des "drains ou des radiateurs". Les radiateurs font référence à ceux qui peuvent vous priver de votre énergie et de vos ressources. Leur négativité peut accroître votre anxiété ; le simple fait de les côtoyer peut vous rendre inquiet et anxieux. Ils peuvent, par exemple, rester critiques à votre égard ou critiquer tout le monde. Ils se moquent de votre anxiété ou de votre stress émotionnel et vous disent que vous êtes ridicule.

D'un autre côté, les radiateurs sont susceptibles de vous répondre de manière positive. Nous avons tous besoin de "radiateurs" dans nos vies ; le simple fait de côtoyer des radiateurs peut être rassurant.

Bien sûr, il n'est pas toujours pratique d'éliminer les personnes négatives de votre vie. Cependant, le mieux que vous puissiez faire est de passer moins de temps avec des personnes négatives et plus de temps avec des personnes positives.

Garder une distance avec les individus négatifs implique de lire des articles sur d'autres personnes considérées comme des victimes, où l'accent est mis sur l'injustice et la souffrance de leur situation, et où les problèmes ne semblent jamais être résolus. Prenez vos distances avec les histoires qui condamnent et se moquent des magazines et des sites Web. Recherchez plutôt des histoires sur des personnes qui vous motivent.

Lisez des articles sur des personnes célèbres qui ont traversé des périodes difficiles dans leur vie. À votre avis, qu'est-ce qui les a aidés à s'en sortir ? Leurs histoires peuvent vous motiver et vous permettre de penser de manière positive.

Aidez les autres personnes

Lorsque vous êtes en détresse émotionnelle, inquiet et anxieux, il est facile de vous sentir accablé par vos propres problèmes. Mais si vous regardez au-delà de vous-même et que vous découvrez d'autres personnes qui vivent la même chose, vous vous rendrez peut-être compte que vos soucis passent au second plan. Aidez les autres et, ce faisant, vous vous aidez vous-même ; vous créez une nouvelle perspective sur votre propre vie et vos situations.

Développer la confiance en soi pour penser aux autres et faire quelque chose pour eux.

Des études démontrent que le simple fait d'aider une personne peut générer des sentiments et des attitudes qui peuvent se traduire par une meilleure santé physique, un bonheur général et une meilleure santé mentale.

Aider les autres génère un état d'esprit positif. En effet, vous devez identifier activement des méthodes positives pour aider et soutenir une personne qui souffre ou qui a du mal à s'en sortir. Cela vous pousse à entrer dans un cycle de pensées et de comportements positifs.

Les gestes bienveillants vous permettent de vous concentrer sur vous-même et vous permettent de tendre la main à quelqu'un d'autre. Vous pouvez identifier votre propre système d'aide aux autres, aider un voisin dans le besoin en faisant ses courses une fois par semaine, ou vous porter volontaire pour couper son gazon.

Si vous connaissez une personne qui a besoin d'un volontaire, proposez-lui vos services. Demandez simplement comment vous pourriez contribuer à rendre une situation favorable. Vous pouvez avoir l'impression d'avoir peu à offrir, mais qu'il s'agisse d'une tasse de thé, d'une invitation à dîner ou d'une offre pour aider à porter quelque chose, c'est le fait de penser et d'être prêt à faire quelque chose pour les autres qui est important.

Tendez la main aux personnes à qui vous n'avez pas parlé depuis longtemps. Faites-le aujourd'hui. Envoyez-leur un courriel ou une carte pour leur faire savoir que vous pensiez à eux. Demandez-leur comment ils vont. Découvrez ce qui se passe dans leur vie, même si c'est pour demander comment vont leurs enfants, leur travail ou leurs soins de santé. En réfléchissant simplement à ce à quoi vous pouvez penser, vous détournez l'attention de vous-même.

Si vous avez besoin de soutien et de compagnie lorsque vous aidez les autres, vous pouvez donner de votre temps et aider un groupe communautaire local.

Il y a beaucoup de choses que vous pouvez faire. En tant que bénévole, vous pouvez apporter une contribution essentielle à divers aspects de la vie communautaire.

Essayez de rechercher une activité qui fournit :

- Une chance d'appliquer les compétences que vous possédez déjà ou une formation pour acquérir de nouvelles compétences.

- La possibilité d'une aide constante : Quelques heures par semaine. La fréquence de l'aide est importante car c'est une occasion régulière d'éliminer les soucis.

N'oubliez pas de faire de l'exercice

L'exercice est utile pour imaginer l'inquiétude. L'exercice libère des substances chimiques dans le cerveau qui neutralisent l'anxiété et la mauvaise humeur. Il permet également de s'éloigner des soucis et de chasser l'"énergie nerveuse". Il est conseillé de faire au moins une demi-heure par jour d'exercice cardio.

Pratiquer des techniques de relaxation et d'autogestion de la santé

Il est important de souligner que la plupart de ces signes de stress émotionnel, d'inquiétude et d'anxiété sont liés à l'état d'esprit de chacun. Par conséquent, si vous voulez vous débarrasser des sentiments d'anxiété que vous ressentez, vous pouvez avoir besoin de pratiquer certaines approches de relaxation efficaces. Par exemple, les techniques de relaxation ont tendance à stimuler l'art de penser et à réduire la tension que l'on peut ressentir. Parmi les techniques de relaxation qui ont fait leurs preuves figurent la méditation et la relaxation musculaire progressive. Certaines de ces approches n'ont pas besoin d'une entreprise ou d'un grand nombre de personnes pour être efficaces. Des techniques comme le yoga peuvent être pratiquées dans le confort de votre salon et donner d'excellents résultats. Mais il est important de savoir que certaines de ces activités doivent être pratiquées dans la vie.

Conclusion

Vous avez réussi, vous avez atteint la fin. Vous avez tout lu. Félicitations. Maintenant, quelle est la suite ? Gardez à l'esprit que la vie est une aventure. La croissance et le développement véritables ne se font pas du jour au lendemain. Elle sera parsemée de luttes, de batailles et de confusion. Rappelez-vous que l'anxiété peut être vaincue par la gratitude et la conscience. La peur peut être vaincue par une concentration réfléchie et stratégique. La vie peut être étonnante si vous vous efforcez d'en voir la beauté.

Chaque chapitre de ce livre traite de la manière dont vous pouvez vaincre vos inquiétudes et vivre une vie positive et pleine de bonheur. La positivité n'implique pas la perfection ou le bonheur. La positivité implique l'espoir. C'est la conviction que demain a la possibilité d'être meilleur qu'aujourd'hui, quelle que soit la gravité de cette journée.

Nous commettons tous des erreurs, et il est temps de se concentrer sur la façon dont vous pouvez évoluer. Vous continuerez à grandir. Acceptez votre nature imparfaite. La vie ne continue jamais si vous passez votre temps à vous punir pour le passé. Concentrez-vous sur l'avenir. Identifiez votre communauté. Soyez reconnaissant. N'ayez pas peur. Trouvez votre étincelle interne, et contribuez à rendre le monde meilleur.

Description

Êtes-vous aux prises avec des inquiétudes ou des pensées anxieuses au quotidien ?

Cela vous empêche-t-il d'être vous-même et de vivre une vie "normale" ?

Votre esprit est-il facilement troublé, encore et encore ?

Vous savez que vous devez cesser de vous inquiéter, mais vous n'y arrivez jamais ?

Est-ce qu'elle vous paralyse dans les moments et les changements importants de votre vie ?

Si vous avez été retenu captif par votre anxiété et vos insécurités, ce livre a été écrit pour vous. Vous apprendrez les techniques qui vous permettront de dire "Au diable la peur" et "Faites-le quand même".

Ne laissez pas vos peurs saboter les moments les plus importants de votre vie.

C'est le moment de commencer à prendre le contrôle.

Ce livre a été soigneusement conçu pour tous ceux qui souffrent d'anxiété sous la forme d'inquiétudes excessives, pour ceux qui sont bloqués dans la vie et manquent d'ambition pour faire les choses et aller de l'avant. L'anxiété est quelque chose que l'on ne peut éviter, mais ce livre vous apprendra à changer votre relation avec elle pour l'empêcher de guider vos actions lorsque ce n'est pas à votre avantage. Dans l'ensemble de ce livre, vous apprendrez, à votre humble rythme, des techniques simples mais puissantes que vous pourrez appliquer au quotidien pour briser le cycle de l'anxiété, du malheur, du stress et de l'épuisement.

Vous serez guidé à travers les techniques avec des conseils d'experts tout au long du livre et tous les conseils, ainsi que les points principaux en détail. Ce livre est basé sur la recherche et les pratiques de la psychologie de la santé, de la pleine conscience et de la thérapie d'acceptation et d'engagement.

Le livre est très interactif, donc si vous pensez que votre anxiété est unique ou que vous avez un cas particulier ou une caractéristique spéciale, vous apprendrez des techniques avancées que vous pourrez utiliser pour atténuer vos inquiétudes. À la fin de ce livre, une fois que vous aurez suivi toutes les leçons, vous devriez avoir réalisé des progrès significatifs contre l'anxiété qui vous freine.

Le livre peut également être réutilisé. Ainsi, le parcourir une fois peut vous apporter une compréhension approfondie. Cependant, le parcourir deux fois vous permettra d'atteindre plus de 90% dans votre course personnelle pour vaincre votre anxiété.

Lorsque vous téléchargez ce livre. Vous apprendrez :

- La source profonde de nos peurs et de nos angoisses et la raison pour laquelle il nous est difficile d'agir.
- La seule méthode infaillible pour vous aider à vaincre vos peurs.
- La tactique psychologique simple qui consiste à agir en dépit de sa peur afin de pouvoir faire face à ce qui vous retient.
- Abordez les nouveaux obstacles de la vie avec courage.
- Développez une vie plus riche et plus significative.
- Comment éviter les pensées négatives.
- Techniques axées sur la recherche de solutions.
- Prendre le contrôle des situations.
- Cultiver une attitude mentale saine.
- Comment respirer, se détendre et se calmer.
- Organiser votre vie.
- Comment gérer les relations et être dans de grandes foules.
- Comprendre ce qu'est l'inquiétude.

- Et plus encore...

Ce livre est un substitut idéal pour ceux qui veulent tirer le meilleur parti de leur vie sans avoir à payer de coûteuses séances de thérapie.

N'attendez pas. Faites défiler la page et cliquez sur acheter.

www.ingramcontent.com/pod-product-compliance
Lightning Source LLC
Chambersburg PA
CBHW071438080526
44587CB00014B/1903